Magdalena Neuner

Christopher Spall   Christian Grams

PEAK PERFORMER

VON SPITZENLEISTERN LERNEN, DAS ECHTE LEBEN ZU MEISTERN

CONTENT

Für alle Menschen,
die jeden Tag aufs Neue ihr Bestes geben.

Zusammendenken, was zusammengehört

Intro

Der Tag, an dem mein neues Leben begann, war ein schöner Tag im März. Am Vorabend war ich von meinem letzten Biathlon-Weltcup aus dem sibirischen Khanty-Mansiysk nach Hause zurückgekehrt. Trotz sechs Strafrunden und Platz sechs in meinem letzten Rennen hatte ich mir zum dritten Mal den Sieg im Gesamtweltcup gesichert. Doch jetzt war es vorbei. Obwohl ich mit meinen 25 Jahren am Höhepunkt meiner Karriere stand, körperlich und mental so fit wie nie, ging mit dem Saisonfinale 2012 auch meine Karriere als Profisportlerin zu Ende. Ich hatte es so gewollt, etwa zwei Jahre zuvor beschlossen und mit Beginn der letzten Saison offiziell angekündigt.

Ich erinnere mich, wie ich an diesem Morgen an meinem kleinen Küchentisch saß – eine Tasse Kaffee in der Hand, Sonne im Gesicht – und spürte, dass ich etwas nicht mehr spürte. Den Druck, unter dem man als Profisportler steht. Man nimmt ihn nicht wahr, weil er einen ständig begleitet, erst wenn er weg ist, wird einem bewusst, wie omnipräsent er war. Das Gefühl war krass. Befreiend und befremdlich zugleich.

Seit Kindesbeinen an war ich es gewohnt, mich durch einen vorstrukturierten Tag zu hangeln. Von Aufgabe zu Aufgabe. Jetzt musste ich meine Routine selbst gestalten.

Dennoch: Angst, in ein Loch zu fallen, hatte ich nicht, ich hatte mich mental auf den Tag X vorbereitet und etliche Möglichkeiten durchgespielt. Was kann ich, was will ich, wo sehe ich mich? An Ideen mangelte es nicht, ich konnte mir vieles vorstellen: die Eröffnung eines Trachtengeschäfts in meinem Heimatort genauso wie eine längere Reise durch Europa. Zudem hatte ich eine abgeschlossene Berufsausbildung als Bürokauffrau in der Tasche und machte gerade meinen Trainerschein. Dass es anders kam, spielt keine Rolle. Wichtig war zu wissen: Das Ende meiner Profikarriere ist nicht das Ende meines Lebens, ich lande sicher auf meinen Füßen und finde einen Platz. Oder wie mein Mentaltrainer sagt: Selbst wenn du denkst, es geht nicht weiter, es gibt immer mindestens fünf Optionen.

Die Tage füllten sich schneller, als mir lieb war. Ich bekam etliche Anfragen und probierte vieles aus. Ich war zu Gast in Quizsendungen (würde ich wieder machen), Kochsendungen (würde ich nicht wieder machen) und Talkrunden, lernte spannende Menschen kennen, darunter die Journalistin Dunja Hayali, die Sängerin Stefanie Kloß und den ehemaligen Vizekanzler Hans-Dietrich Genscher. Hinzu kamen Verpflichtungen gegenüber Sponsoren und Werbepartnern. In meiner Freizeit schwang ich mich aufs Fahrrad und fuhr so lange, wie ich Lust hatte. Ohne die Vorgabe, so und so viele Kilometer in so und so vielen Minuten, bei diesem und jenem Puls. Ich radelte vor mich hin, bestellte mir unterwegs einen Cappuccino in einem netten Café, fuhr weiter, hüpfte zwischendurch in einen See.

Das Leben fühlte sich unglaublich frei an. Mal abgesehen von meinen Verpflichtungen gegenüber Sponsoren und Werbepartnern, war alles ungezwungen und easy. Dieses Gefühl hielt an, bis mit der Geburt meines ersten Kindes 2014 eine neue Zeit begann. Heute würde ich sagen:

Auf den Startschuss in mein neues Leben folgte der Startschuss in das echte Leben.

Ich fing an, nochmal anders über Dinge nachzudenken, Gewissheiten stärker auf den Prüfstand zu stellen, neue Antworten auf alte Fragen zu suchen, mich selbst zu hinterfragen. Dieser Prozess ist bis heute nicht abgeschlossen. Meine Kinder halten mir einen Spiegel vor, ich wachse mit ihnen mit, bewerte Ziele, Prioritäten und Werte immer wieder neu.

Ein Thema, zu dem ich gerne befragt werde, ist das Thema »Leistungswille«. Für viele Menschen scheine ich noch heute ein Paradebeispiel für Disziplin und Durchhaltevermögen zu sein und damit ein Beleg für ein nach wie vor bestehendes Leistungsverständnis: Nur die Harten kommen in den Garten. Vor dreizehn Jahren hätte ich vollends zugestimmt: Wer ganz nach oben kommen will, muss sich durchbeißen, koste es, was es wolle. Doch inzwischen verspüre ich einen Zwiespalt. Wie viel Druck ist wirklich nötig? Wo verläuft die Grenze zwischen Wettbewerb und falschem Ehrgeiz? Schließen sich Höchstleistung und Selbstfürsorge aus? Was bedeutet überhaupt Peak Performance? Zählt nur die Medaille, oder braucht es nicht individuellere Erfolgsmaßstäbe, um Menschen zu ermutigen, ihr eigenes Potenzial zur Entfaltung zu bringen?

Neben meinen Kindern waren zwei Tiefpunkte ausschlaggebend für meine Nachdenklichkeit. Es ist kein Geheimnis, dass ich nach der Olympiade 2010 und der Geburt meines zweiten Kindes total ausgebrannt war.

An meinem elften Geburtstag sah ich im Fernsehen die Biathletin Uschi Disl glückselig vom Siegerpodest winken, ab diesem Moment war das Ziel »Olympia« in meinem Kopf gesetzt. Doch in der Realität entpuppten sich für mich die Spiele in Vancouver als Schimäre, ein negatives Erlebnis reihte sich ans nächste. Schon beim Trainingslehrgang auf Vancouver Island wenige Wochen zuvor merkte ich, dass ich innerhalb der Damen-Nationalmannschaft kein gutes Standing hatte. Die anderen Mädels hatten kaum mit mir gesprochen, ich konnte und kann das verstehen, wir waren alle Top-Athletinnen mit sehr guten Chancen auf Medaillen – und doch wurde ich am höchsten gehandelt, die Augen richteten sich hauptsächlich auf mich.

Der Einzug ins olympische Dorf war ernüchternd. Ich hatte es mir so schön vorgestellt: Olympia, megatolles Event, Friedenstauben, Einmarsch der Nationen, alle Sportler eine große Familie. Doch stattdessen fand ich mich auf einer halbfertigen Baustelle wieder, die Häuser schnell hochgezogen, die Zimmer spartanisch eingerichtet mit Schrank, Bett und Tisch. Ich erwartete keinen Prunk, mitnichten, aber doch ein bisschen mehr Atmosphäre, schließlich sollten hier junge Menschen fern der Heimat die beste Leistung ihres Lebens abrufen.

Hinzu kamen die vielen Pressekonferenzen und Interviews. Neben Training, Wettkämpfen und ein paar Stunden Schlaf wurde ich von A nach Z geschickt, ständig hatte ich Fragen zu beantworten, um kurz darauf mit meinen Aussagen in gedruckter Form konfrontiert zu werden: Habe ich das wirklich so gesagt, wurde ich richtig verstanden, wo ist der Zusammenhang? Gegen Ende der Spiele legten mir meine Trainer ans Herz, auf eine Nominierung im Staffelrennen doch bitte zu verzichten, da ich im Gegensatz zu den anderen Teammitgliedern schon drei Medaillen gewonnen hatte.

Zurück in Deutschland folgte der große Showdown. Über Frankfurt ging es nach München. In der Ankunftshalle am Flughafen warteten eine Musikkapelle und die Kinder vom Skiclub aus meinem Heimatdorf auf mich, ich habe mich total gefreut, endlich zu Hause, endlich vertraute Gesichter. Doch die Presse hat die Menschen einfach überrannt, es war ein großer Tumult, fast kam es zur Schlägerei, ein Security-Mitarbeiter zog mich aus der Menge und brachte mich in Sicherheit. Ich habe nur noch geheult, doch es gab keine Pause, im Autokorso ging es über die Leopoldstraße zur Abschlussveranstaltung am Münchner Marienplatz.

Nach 36 Stunden ohne richtigen Schlaf stand ich völlig übermüdet oben auf dem Rathausbalkon, lächelte und winkte, gefühlt nur noch ein Schatten meines Selbst. Danach bin ich zu meinem Partner in die Wohnung und habe mich ins Bett gelegt. Desillusioniert und am Ende meiner Kraft.

Vermutlich ist es schwer nachzuvollziehen: Mit zwei Goldmedaillen und einer Silbermedaille um den Hals muss man doch glücklich sein! Doch ich habe mich extrem fremdgesteuert und belastet gefühlt. Plötzlich sprechen Menschen mit dir, weil du eine Medaille gewonnen hast, und plötzlich sprechen Menschen nicht mehr mit dir, weil du eine Medaille gewonnen hast. Ich war mit meinen 22 Jahren nicht darauf vorbereitet und hätte mir Unterstützung gewünscht. Außer Familie und Freunde hat mich keiner gefragt, wie es mir geht, ob alles in Ordnung ist oder ich etwas brauche. Als Mensch war ich in dieser Biathlonwelt nicht existent. Es ging nur um mich als Sportlerin, die bestmöglich zu performen hat. Die Realität hat mich getroffen wie ein Hammerschlag, ich fühlte mich nicht nur um meinen Kindheitstraum betrogen, ich war menschlich enttäuscht.

Bis dato hatte ich mir keine Gedanken über mein Karriereende gemacht. Doch als ich mich so erschöpft durch meine Tage schleppte, spürte ich, dass ich den Schlusspunkt wesentlich früher setzen werde, als ich mir das immer vorgestellt hatte. Ich überlegte, welcher Wettbewerb ein würdiges Finale sein könnte. Klar war: Meine ersten Olympischen Spiele werden die letzten sein, einmal und nie wieder. Stattdessen entschied ich mich für das Saisonende 2012 mit der Weltmeisterschaft in Ruhpolding als Höhepunkt.

Rückblickend war es extrem wichtig, dass ich mir an diesem Tiefpunkt ein konkretes Ziel setzen konnte. Es gab mir die Kraft, wieder auf die Beine zu kommen, mich auszurichten und zu fokussieren. Nach einigen Wochen Pause ohne jeglichen Sport fing ich langsam an zu trainieren, und ich merkte, wie die Leidenschaft zurückkehrte. Das Ende war absehbar, und ich war bereit, noch einmal alles aus mir herauszuholen und meinen Sport in jeder meiner Faser zu spüren.

Damals wusste ich es natürlich nicht, doch die letzten beiden Jahre waren die schönsten meiner sportlichen Laufbahn. Ich machte einen Sprung, körperlich und mental, nahm mich und meine Bedürfnisse ernster, trainierte nach meinem eigenen Plan und beendete meine Laufbahn voller Zufriedenheit. 28 000 Zuschauer im Stadion, entlang der Strecke hielten Fans »Danke Lena«-Plakate in die Luft und verneigten sich vor mir, ich holte zweimal Gold, einmal Silber und einmal Bronze und lang damit in der WM-Bestenliste mit insgesamt 17 Medaillen hinter Ole Einar Björndalen auf Rang zwei. Wenn ich mir heute die Pressekonferenz anschaue, merke ich, wie müde, aber auch freigeschwommen ich damals war. Sicher, es hätte *noch* besser laufen können, doch ich war mit mir im Reinen und musste mir nichts mehr beweisen.

Dennoch reichte die Lernkurve während und nach Olympia nicht aus, um mich vor einem zweiten Burnout zu bewahren.

Nach Karriereende habe ich mit meinem Management weitergearbeitet, damals hatte ich Verträge mit zwölf Werbepartnern, absolvierte in ganz Deutschland Drehs, Fotoshootings, Meet & Greets, Charity-Veranstaltungen und Podiumsdiskussionen. Mit einem Kind ließ sich das alles noch irgendwie handeln, doch als mein zweites auf die

Welt kam, erreichte ich meine Belastungsgrenze extremer als jemals zuvor. Bereits zehn Tage nach der Geburt stand ich wieder vor der Kamera, zu sehr hallten die Worte meines Beraters im Ohr: Wenn du nicht dranbleibst, bist du weg vom Fenster, eine längere Babypause kannst du dir nicht leisten. Ich habe das geglaubt und – ganz wie in meiner Profizeit als Sportlerin – abgeliefert. Was muss, das muss. In dieser Zeit nahm ich extrem ab, mein Körper war übersät von roten Punkten, ich hatte immer das Gefühl, nie richtig gesund zu sein.

Eines Tages saß ich frühmorgens im Auto auf dem Weg zum Flughafen und erlebte eine Panikattacke. Mein Herz raste, Schweiß lief mir von der Stirn. Ich fuhr rechts ran, versuchte mich zu beruhigen, atmete so langsam wie möglich ein und aus und konnte erst nach einer guten halben Stunde weiterfahren. Zu meinem Termin bin ich noch geflogen, doch zurück zu Hause kontaktierte ich einen befreundeten Arzt, ließ mich durchchecken. Das Ergebnis war eindeutig: Pfeiffersches Drüsenfieber, Schilddrüsenüberfunktion, Vitamin- und Mineralmangel, mein Körper war ausgezehrt. Mein Arzt schaute mich an und sagte: Es grenzt an ein Wunder, dass du noch aufrecht gehen kannst, es ist kurz vor knapp.

Neun Monate hat es gedauert, bis ich wieder einigermaßen bei Kräften war, ein Jahr musste ich ganz auf Sport verzichten, um mein Herz nicht dauerhaft zu schädigen. Später titelte ein Boulevardblatt: »Magdalena Neuner – Burnout wegen zweitem Kind.« Ich habe mich sehr geärgert, wie ungerecht das meinem Sohn gegenüber war! Nicht er war schuld an meinem Tiefpunkt, sondern ganz alleine ich.

Die Schuld bei anderen zu suchen, war noch nie meins. Sicher hat das Umfeld einen Einfluss, Eltern, Lehrer, Trainer, der Chef, Kollegen, vermeintliche Freunde – oder abstrakter: die Presse, die Politik, die Weltlage an sich. Wir sind Menschen und stehen in vielerlei Bezügen. Doch im ersten Schritt sollte es aus meiner Sicht um den eigenen Anteil gehen: Inwiefern trage ich durch mein Verhalten selbst dazu bei? Sowohl beim ersten als auch beim zweiten Burnout war ich nicht in der Lage, meine eigenen Bedürfnisse wahrzunehmen, Alarmzeichen ernst zu nehmen, Grenzen zu setzen, »Stopp« statt »Ja« zu sagen.

Ich schildere das so ausführlich, weil es darum geht, zu einem neuen Leistungsverständnis zu kommen. Wie können wir Menschen zu Leistung und Höchstleistung animieren, ohne sie zugleich ins Risiko zu schicken, physisch und psychisch zu verbrennen? Blickt man auf die Zahlen, die von Instituten regelmäßig veröffentlicht werden, scheint es das Eine ohne das Andere fast nicht zu geben. Wieviele Peak Performer rauschen nach der Spitzenleistung in einen Burnout oder leiden unter Selbstzweifeln, Angstzuständen, Panikattacken?

Es ist ein wiederkehrendes Muster: Fahrt aufnehmen, Peak erklimmen, talwärts rauschen. Fahrt aufnehmen, Peak erklimmen, talwärts rauschen. Als Spitzensportler mit begrenzter Halbwertszeit mag die Rechnung aufgehen, doch als Unternehmer oder Topmanager mit wesentlich längerer Karrierelaufbahn ist es ein gefährliches Spiel.

Wie gerne würde ich die Frage, ob ich auch mit weniger Härte mir selbst gegenüber so erfolgreich gewesen wäre, eindeutig beantworten. Aber ich kann es nicht. Ich kann nur versuchen, mehrere Fäden zusammenziehen und mich einer Antwort anzunähern.

- Nachdem ich mich von meinem ersten Burnout erholt hatte, suchte ich das Gespräch mit meinen Trainern. Ich wollte individueller trainieren und nicht mehr an den Lehrgängen der Nationalmannschaft teilnehmen, weil mir das Training zu sehr Schema F war, damals erhielt jeder Athlet denselben Plan. Mit meinem Erfolg bei Olympia hatte ich genug Standing, solche Forderungen zu stellen, und man stimmte zu. Wie bereits erwähnt, waren die zwei Jahre die schönsten in meinem Sportlerleben, und ich beendete meine letzte Saison in Bestform. Nichtsdestotrotz hatte ich natürlich all die Jahre zuvor das ganz normale Leistungstraining durchlaufen, die Basis war gelegt.
- Rückblickend war mein größtes Defizit meine Unfähigkeit, klipp und klar »Nein« zu sagen, »bis hierher und nicht weiter«. Einerseits. Andererseits brachte mir meine unkomplizierte, meist freundliche, in keiner Weise zickige Art viele Sympathiepunkte bei Journalisten und Fans ein. In all den Jahren gab es in der Presse

über mich so gut wie kein abwertendes Wort, keine negativen Schlagzeilen. Und entlang der Strecke konnte ich mich stets auf den Zuspruch der Zuschauer verlassen. Während ich auf der Schießmatte versucht habe, die Massen hinter mir auszublenden, habe ich mich zurück auf der Piste von dem Jubel meiner Fans bewusst tragen lassen. Ihre Rufe haben mich enorm gepusht.

- Wie fragil das Ganze ist, habe ich besonders bei einer Veranstaltung gemerkt. Ich lief an meinen Fans vorbei, sie wollten Autogramme oder mir die Hand schütteln, doch ich musste schnell zur Pressekonferenz sowie Dopingkontrolle und hatte keine Zeit. Prompt kippte die Stimmung und ich hörte statt »Lena, Lena« derbe Beschimpfungen. Zwischen Verehrung und Verachtung liegt ein schmaler Grat. Was mich zu der Frage führt, die ich hier kurz anklingen lassen möchte: Bei allem Hype um Individualität, Selbstbestimmung und Freiheitgrade – wie viel davon gestehen wir Menschen wirklich zu, und wie viel sind wir als Lehrer, Trainer, Eltern oder Gesellschaft bereit zu ertragen?
- Nach meinem Karriereende habe ich zusammen mit meinem Management richtig Gas gegeben, die Angst war groß, zu schnell in Vergessenheit zu geraten. Unser Aktionismus war erfolgreich, neben meinen bestehenden Werbeverträgen sind rasch neue hinzugekommen. Finanziell war das natürlich toll, doch hat alles zu mir gepasst? Heute bin ich meine eigene Chefin, setze

mich nicht unnötig unter Druck, lasse mich von niemandem kirre machen und nehme nur Aufträge von Unternehmen an, hinter deren Marke und Produkte ich zu 100 Prozent stehen kann. Die Zeit hat mich gelehrt, dass ich auch hier vertrauen darf: Wenn man weiß, was man will, klären sich die Dinge und fügen sich zu einem stimmigen Ganzen.

Man sieht allein an diesen drei Beispielen: Auf ein Einerseits folgt ein Anderseits, auf ein Ja ein Aber, vermeintliche Nachteile stehen vermeintlichen Vorteilen gegenüber.

Dennoch bin ich mir inzwischen sicher: Ohne Fleiß, Disziplin, Leistungsbereitschaft und Durchhaltevermögen geht es nicht. Um Top-Leistung abzurufen und dann das nächste und übernächste Level zu erreichen, muss es die Extrameile sein. Auch Niederlagen und Misserfolge gehören unbedingt dazu, schon alleine, weil das Verlierenkönnen genauso wichtig wie das Gewinnenkönnen ist. Respektvoll und in aller Fairness.

Ich bin mir inzwischen sicher, dass ein Sich-völliges-Verausgaben nicht notwendig ist. Denn es ist in der Regel stark mit Glaubenssätzen verknüpft, die Menschen unnötig Kraft rauben und in unserer Zeit gleich zweimal nicht passen. »Ich darf nicht anecken«, »Ich darf keine Fehler machen«, »Liebe muss ich mir verdienen«, »Wenn ich um Hilfe bitte, ist das ein Zeichen von Schwäche«, »Ein Peak Performer kennt keinen Schmerz« – es gibt so viele davon.

Mit meinen Kindern spreche ich abends häufig positive Affirmationen: »Ich glaube an mich und habe mich lieb«, »Ich bin sicher und beschützt«, »Ich bin ein Sonnenschein und bin geboren, um glücklich zu sein«, »Das Leben ist schön und ich darf jeden Tag genießen.« Manche mögen darüber schmunzeln, doch ich möchte den negativen Glaubenssätzen, die nach wie vor durch unsere Gesellschaft wabern, etwas gegenüberstellen. Und ich würde meinem jüngeren Ich raten: Höre immer gut auf dich, mache im Zweifel weniger, finde einen Mittelweg. Mentale und körperliche Gesundheit sind ein hohes Gut und wichtiger als jede Medaille – und wer weiß das schon, vielleicht wäre ich noch erfolgreicher gewesen, wenn ich diesen Ratschlag beherzigt hätte, schließlich hat mich nicht mein geliebter Sport in die Knie gezwungen, sondern vor allem das Drumherum, das Geziehe und Gezerre und Besserwissen. Wir kolportieren gerne die immer gleichen knochenharten Heldengeschichten, ohne sie groß zu hinterfragen.

Wenn mich heute der Alltag zu überrollen droht, versuche ich, mich aktiv rauszuziehen. Fahre zum See oder gehe hoch zur Wallgauer Alm. Nur wenige Meter oberhalb der Hüttenwirtschaft steht ein Gipfelkreuz, das meine beiden Großväter geschreinert haben. Hier oben kann mich niemand erreichen, es gibt keinen Empfang, das Handy ruht. Bereits auf dem Weg sortieren sich meine Gedanken, und wenn dann mein Blick über Bergwiesen und Wälder hinüber zum Wettersteingebirge gleitet, spüre ich:

- Wertschätzung gegenüber meiner eigenen Leistung.
- Urvertrauen: Alles wird gut.
- Dankbarkeit, trotz allem, natürlich!

Ich durfte mich ganz und gar meiner Leidenschaft hingeben, war viel draußen, habe ferne Länder bereist, Menschen kennengelernt und Freundschaften geschlossen. Und lebe auch jetzt das Leben, das ich leben möchte. Nicht minder aufregend, aber auch nicht weniger herausfordernd.

Wenn ich abends gegen halb elf auf mein Sofa sinke, die Kinder liegen glücklich im Bett, der Abendbrottisch ist abgeräumt und von den drei Wäschekörben steht nur noch einer herum, kann ich mir inzwischen auf die Schulter klopfen und mir sagen: Was für eine Peak Performance man als Mama jeden Tag und über alle die Jahre vollbringt! Vor allem, weil es nicht mehr nur um einen selbst geht. Als Eltern trägt man die Verantwortung für andere Menschen, muss für sie da sein, ihnen zuhören, sie unterstützen und behutsam und voller Zuversicht in ihr eigenständiges Leben schubsen.

Auch hier käme ich mit eiserner Disziplin und maximaler Härte gegenüber mir selbst nicht weit, es bedarf einer guten Portion Selbstliebe, um dauerhaft die Kraft zu haben, meine Kleinen verlässlich durch ihre Kinder- und Jugendzeit zu begleiten. Als Sportlerin, Testimonial oder Rednerin mag ich austauschbar sein, als Elternteil nicht, einen weiteren Burnout kann ich mir definitiv nicht erlauben. Es geht nicht mehr nur um Wettkämpfe,

Medaillen oder Werbedrehs, alles mehr oder weniger vergänglich, sondern um das nachhaltige Wohl meiner Kinder, um das Heranwachsen zu stabilen Persönlichkeiten.

Wenn ich nicht auf mich achte, gehen mir die nötige Flexibilität, Weichheit und zuweilen auch das Bewusstsein verloren, dass jedes Kind anders ist und etwas anderes benötigt.

Ein kleines Beispiel: Als Kind habe ich gleich nach dem Mittagessen mit meinen Hausaufgaben begonnen. Ich wollte sie erledigt wissen, bevor ich ins Training fuhr oder mich mit meinen Freunden traf. Eine Abweichung von diesem Plan habe ich mir eher selten erlaubt, es wäre mir auch nicht in den Sinn gekommen. Doch ich kann meine Strategie nicht meinen Kindern überstülpen. Jedes hat seinen eigenen Charakter, seinen eigenen Kopf, sein eigenes Tempo, seinen eigenen Rhythmus. Ich musste lernen: Was für mich funktioniert, funktioniert nicht unbedingt für sie.

Die Erinnerung an meine Eltern hat mir geholfen. Auch unser Haus war keine ganz glaubenssatzfreie Zone. In meinem Heimatort mit damals vielleicht 1000 Einwohnern achtete jeder auf jeden, die gebügelte Bluse und die perfekt geflochteten Zöpfe für den sonntäglichen Kirchenbesuch waren eine Selbstverständlichkeit, jeder verstand die allgemeingültige Handlungsmaxime: »Sei nett, ecke nicht an, falle nicht auf.« Man musste sie nicht extra aussprechen. Doch ich hatte das große Glück, dass meine Eltern mir nie vorgeschrieben haben, *wie* ich etwas zu erledigen habe. Vielmehr gaben sie mir das Gefühl, dass ich meine Ziele erreichen werde, wenn ich sie wirklich erreichen möchte und mein Bestes dafür gebe. Und dass ich für meine Erfolge und Misserfolge, sei es im Sport oder in der Schule, selbstverantwortlich bin. Meine Eins ist meine Eins, meine Fünf ist meine Fünf.

Rückblickend war das eine riesige Leistung. Ich komme aus einem bodenständigen Haushalt. Mein Vater arbeitet als Bankkaufmann bei einer Bank, meine Mutter vermietet Ferienwohnungen und hat sich um uns vier Kinder, ihren körperlich schwerbehinderten Bruder und ihre pflegebedürftige Mutter gekümmert. Es war eine finanzielle Herausforderung, mich und meinen Sport zu unterstützen, nicht nur mein Equipment musste bezahlt werden, sondern auch die vielen Aufenthalte in Pensionen und Hotels an den Wochenenden. Ich denke schon, dass meine Eltern Sorge hatten, ob meine Berufswahl vernünftig ist. Zumal einige meiner Lehrer klar abrieten: Profisportler ist kein Beruf, schon gar nicht für Mädchen! Doch für mich kam nichts anderes infrage, und sie standen felsenfest hinter mir.

Gottseidank hat die Phase des Hoffens und Bangens nicht allzu lange gedauert, es zeigte sich relativ schnell, dass ich tatsächlich das Zeug hatte, vom Sport leben zu können. Aber am Anfang wussten meine Eltern das natürlich nicht. Ich war ein Kind, das mit sechs Jahren zum ersten Mal auf Langlaufskiern und mit neun Jahren zum ersten Mal auf einer Biathlon-Schießmatte stand – und ab da felsenfest überzeugt war: Diese Bretter und dieses Gewehr sind meine Bestimmung.

Die Individualität und das Tempo seiner Kinder zu respektieren und sie in die Eigenverantwortung zu schicken ist nicht einfach, das bekomme ich auch in meinem Umfeld mit. Manchmal fehlt die Geduld, und manchmal hat man zwischendurch auch Angst, dass sie ihren eigenen Weg nicht finden werden, weil vieles nicht immer so ganz klar ist:

- Wo liegen ihre Talente?
- Für was brennen sie, beziehungsweise brennen sie überhaupt für etwas?
- Handelt es sich um ein Strohfeuer, oder ist es wirkliche Leidenschaft, für die sie auch bereit sind, Opfer zu bringen, sich zu schinden, ja, zu leiden?
- Können sie dort, wo sie aufwachsen, das finden, was zu ihnen passt? Ich bin neben einer Langlaufloipe großgeworden, für mich war es *das* Match meines Lebens. Doch was wäre gewesen, wenn ich mich mehr für Ballsportarten interessiert hätte, meine Mutter hätte nicht die Kapazität gehabt, mich zum Trainieren mehrmals pro Woche in eine andere Stadt zu fahren.

Und sicherlich gibt es Phasen, in denen Kinder mehr Führung, dickere Leitplanken oder ein stärkeres Korrektiv brauchen – unlängst hat sich eines meiner Kinder eingebildet, mit seinem Fahrrad vom Hausdach auf einen Baum springen zu können, »habe ich auf Youtube gesehen« … doch ich merke, wie ich ruhiger werde. Gelassener.

Wir dürfen unseren Kindern mehr zutrauen und ihnen das Ruder öfters anvertrauen, als wir das gemeinhin tun. Dadurch wächst das Zutrauen in ihre eigenen Fähigkeiten. Sie erleben sich als selbstwirksam, werden selbstbewusster und entwickeln eine Haltung dem Leben gegenüber, die ihnen den Weg in eine selbstbestimmte Zukunft weist. Ich will das, ich kann das, ich schaffe das.

Was mich abschließend zu den Peak Performern bringt. Ich bin zu ihnen vor etwa fünf Jahren gestoßen, zwei Jahre später entstand die Idee, eine eigene Stiftung zu gründen. Die Zielsetzung, Kinder und Jugendliche über sportliche Aktionen und Gespräche zu ermutigen, ihren eigenen Weg zu finden und zu gehen, finde ich wichtig und toll. Es ist eine sensible Phase – und ich merke auf unseren Camps, wie viele Fragen und Themen durch die Köpfe junger Menschen kreisen: Bin ich nicht schon zu alt für diese oder jene Sportart? Ich würde mich gerne noch ausprobieren, aber meine Eltern möchten, dass ich mich auf eine Sache konzentriere. Wie soll das gehen – Schule, Hausaufgaben, Nachhilfe *und* Hobby, das ist mir alles zu viel!

Alle wissen, was gut für mich ist, nur ich nicht – wie soll ich den Weg finden, der zu mir und meinen Stärken passt? Und überhaupt: Wo liegen meine Talente und Stärken? Macht das überhaupt Sinn?

Oftmals habe ich den Eindruck, dass sie zwischen mehreren Stühlen sitzen.

Natürlich gilt auch hier: Kinder sind verschieden. Es gibt extrovertierte und introvertierte, antriebsstärkere und antriebsschwächere, lebensfrohe und mutlose, selbstbewusste und unsichere Kinder. Und doch scheint mir die heutige Generation insgesamt erwachsener, reflektierter, nüchterner, abgeklärter zu sein als frühere Generationen. Zumindest meine Freunde und ich waren im Alter von 13 Jahren meilenweit davon entfernt, uns ernste Gedanken über unsere Zukunft zu machen. Unser Gefühl: Die kommt schon irgendwann – und wenn sie kommt, ist es gut. Alle Türen offen.

Die sozialen Medien haben einen Anteil daran. Keine Sicherheitsvorkehrung kann verhindern, dass Kinder mit Themen konfrontiert werden, die nicht ihrem Alter entsprechen. Das kann belasten und überlasten. Doch noch viel stärker ist es unserer Zeit geschuldet, in der eine Krise auf die andere folgt.

Vor kurzem habe ich einen Artikel von Klaus Hurrelmann gelesen. Der Senior Professor of Public Health and Education an der Hertie School in Berlin gehört zu den führenden Sozialforschern Deutschlands und schreibt über die »mentale Verfasstheit unserer Gesellschaft nach Jahren der nicht nur gefühlten, sondern real existierenden Dauerkrise«. *Alle* Altersgruppen seien verunsichert, was ihre Lebensplanung angehe. Es herrsche eine pessimistische Stimmung wie schon lange nicht mehr. Die Konsequenz: Verunsicherung und Ängste nehmen zu, es fehlen Lebensorientierung und Kohärenzgefühl.

Als Stärkungsmittel empfiehlt Hurrelmann vor allem zwei Dinge: Menschen müssen die Erfahrung machen, aus eigener Kraft etwas erreichen und bewirken zu können, und die Zuversicht zurückgewinnen, dass sich Leistung mit Blick auf die Zukunft lohnt, ja, Sinn ergibt. Vieles ist möglich, nichts ist verloren.

Ich würde ergänzen: Und Menschen müssen darin bestärkt werden, an ihre Ideen und Ziele zu glauben, auch wenn andere sagen, was für ein Quatsch das ist, der keinen Wert hat. Doch wenn sie etwas finden, was zu hundert Prozent zu ihnen passt und sie es über alles lieben, überwinden sie Hürden und sind nicht zu stoppen.

Für mich verbinden sich damit meine Fäden zu einem dickeren Strang. Bei Peak Performance geht es nicht um Olympiasiege. Es geht darum, gemäß seinem eigenen Potenzial die schönste Version seines Lebens zu erleben und leben zu dürfen. Nicht mehr, aber auch nicht weniger. Ich bin glücklich, wenn ich einen Beitrag dazu leisten kann, indem wir vermitteln: Leistungswille ist kein Wert von gestern. Er bedeutet nicht nur Druck und Stress. Leistung kann einem vor allem Sinn stiften und einem zeigen, was in einem steckt. Und dadurch nicht nur einen selbst, sondern auch andere inspirieren.

Damit wäre für mich das Ziel für eine neue, zeitgemäße und humanere Leistungskultur *eigentlich* gesetzt: Jeder Mensch, ob jung oder alt, kann seine individuelle Spitzenleistung finden, sein Leben meistern, ohne sich selbst aus dem Blick zu verlieren. Peak Performance und Selbstfürsorge gehen Hand in Hand. Es liegt an uns, hierfür die Weichen zu stellen. Für uns selbst und unser Umfeld. Als Eltern für unsere Kinder. Als Lehrer für unsere Schüler. Als Trainer für unsere Trainees. Als Unternehmer für unsere Mitarbeitenden. Jede und jeder für jede und jeden.

Eigentlich?

Es ist meine Sicht der Dinge. Für den Moment. Denn jetzt geht die Auseinandersetzung in eine weitere Runde. Zusammen mit Christian Grams und Christopher Spall danke ich 14 Topsportlern sowie Topunternehmern, die sich mit uns auf das Wagnis eingelassen haben, den Begriff der Spitzenleistung von seinem oftmals elitären, mühseligen und spaßbefreiten Image zu befreien, ihn zu dekonstruieren und neu zusammensetzen. Vielen Dank an Alexander Penzkofer, Anja Blacha, Benedikt Böhm, Bernard Krone, Bernhard Fragner, Dominik Klein, Gerd Schönfelder, Lars Bender, Matthias Steiner, Michaela Kirchgasser, Sven Bender, Thomas Huber, Tobias Arlt und Tobias Wendl (Seite 210 ff.)! Für eure Geschichten und Erfahrungen, eure Ehrlichkeit, Offenheit und kritischen Gedanken. Zusammen ergibt sich über sieben Kapitel hinweg ein nuanciertes, schillerndes Bild, das hoffentlich vielen Menschen Lust macht auf mehr.

Wie es sich für eine Peak Performance gehört, grooven wir uns erst ein, nehmen Fährte und Fahrt auf, erreichen unseren Zenit und ziehen im Ziel Resümee, um gleich darauf mit einem Learning neu durchzustarten.

Magdalena Neuner

Leistungsfreude: Ohne Fleiß kein Preis oder ohne Preis kein Fleiß

Kapitel 1

August 2009. Lars Bender, gerade mal 20 Jahre alt, wechselt vom TSV 1860 München zu Bayer Leverkusen. Ein Sprung nach oben. Der nächste Karriereschritt. Lars hat viele Hoffnungen, vielleicht sogar Nationalelf? Aber jetzt muss er erstmal Fuß fassen. Allein in der Fremde. Jupp Heynckes, Trainer bei Bayer 04, ist voller Vorfreude: »Ich hoffe, dass sich Lars Bender bei uns gut integriert und seine Chance suchen wird.« Es gibt nur ein Problem: Die ersten zwölf Wochen verbringt Lars abends im Hotel. Fern von Familie und Freunden. Zum ersten Mal in seinem Leben fühlt er sich allein. »Ein richtiger Cut«, sagt er heute, »es fehlten die Nähe, die Wärme, das gewohnte Umfeld.«

Peak Performern ist das Management von Widerständen nicht fremd. Ob sie Lust haben oder nicht, die Sonne scheint oder Regen vom Himmel fällt. Sie gehen auf Position. Strengen sich an. Bereiten sich körperlich und mental auf ihren nächsten Einsatz vor.

Zunächst bemerkt Lars, dass er körperlich und kräftemäßig nicht ganz mithalten kann, hier in der höheren Liga. »Es war eine Challenge, Niveau und Tempo mitzugehen.« Um den Anschluss zu finden, musste er nicht nur sein Gefühl von Einsamkeit überwinden, »sondern auch mehr und härter trainieren«. Was ihm den nötigen Push gegeben hat? Sich zu vergegenwärtigen, dass er genau dort ist, wo er hinwollte.

Und wenn man mehr will, wird es zunächst immer schwieriger. Im Grunde ein Naturgesetz.

Der Löwen-Sportdirektor Miki Stević sagt zum Abschied: »Die Tür steht immer offen.« Doch für Lars ist zurück keine Option. »Auf der Leiter gibt es nur eine Richtung – nach oben.« Auf die nächste Stufe. Also beißt er sich hin, wie er sagt. Verbessert sich Woche für Woche. Holt auf. Und erfährt am eigenen Leib, was er von klein auf kennt: Harte Arbeit zahlt sich aus. Anfangs bleibt seine Position im defensiven Mittelfeld umkämpft, doch schon in der Saison 2011/12 etabliert er sich sowohl in der Liga als auch in der Champions League als Stammspieler und spielt die meisten Partien über die volle Zeit.

Leistung und Gegenleistung sind das Spiel des Lebens. Du bekommst nichts umsonst. Nur wer sät, kann ernten.

MAGDALENA »Das deckt sich mit meiner Erfahrung. Ohne Fleiß, Disziplin, Selbstüberwindung und eine gewisse Härte gegen sich selbst geht es nicht. Nur wer sich mehr anstrengt, hat überhaupt die Chance, mehr zurückzubekommen. Auch wenn die Ernte, um im Bild zu bleiben, sehr unterschiedlich aussehen kann. Die allerwenigsten schaffen es tatsächlich an die Spitze, erhalten Medaillen, Pokale, Sponsorenverträge. Und doch kenne ich so gut wie keinen ehemaligen Leistungssportler, der diese intensive, anstrengende, entbehrungsreiche Zeit missen möchte. Es war die beste Phase ihres Lebens, sie konnten sich voll und ganz ihrer Leidenschaft widmen und haben mehr denn je gelernt – auch über sich selbst. Was zeichnet mich aus, wo will ich hin, was steckt in mir, welche Widerstände kann ich aus eigener Kraft überwinden? Sei es körperlich oder mental. Auch wenn ich der Trainingsphilosophie von so manchem Trainingszentren oder Sportgymnasien

»Es macht ungemein viel Spaß, seinen Ehrgeiz zu wecken – dieser **Spaß** zeichnet für mich echte Peak Performance erst aus!«

Tobias Angerer

kritisch gegenüberstehe – zu viel Druck, zu wenig Individualität, zu wenig Mensch –, möchte ich keine generelle Wertung vornehmen. Ich selbst bin als Jugendliche nicht auf ein Sportgymnasium gegangen, sondern bei meiner Familie wohnen geblieben. Es war mir wichtig, mein gewohntes Umfeld um mich zu haben.«

Der Dokumentarfilm *Stams* von Bernhard Braunstein liefert einen Einblick in diese Welt und zeigt den Alltag in Österreichs erfolgreichster Kaderschmiede für zukünftige Skiprofis. Jedes Jahr melden sich junge Sportler und Sportlerinnen an, weil sie von Weltmeisterschaften und Olympia träumen. Doch der Weg dorthin ist voller Dornen. Verletzungen, Entbehrungen, stilles Leid.

Am Ende schaffen es trotz eisernen Willens nur die allerwenigsten sich im Spitzensport durchzusetzen.

CHRISTIAN »Zwei Prozent im Skisport, im Fußball noch weniger! Angesichts dieser Zahlen verstehe ich, warum Lars und Sven Bender in Gesprächen so oft betonen, dass man auch die Leistung all jener honorieren sollte, die es nicht ins Rampenlicht geschafft haben. Neben Passion, innerem Antrieb und viel, viel Training spielen Faktoren eine Rolle, die man nicht zu hundert Prozent beeinflussen kann. Das gilt auch für die Arbeitswelt. Die Bereitschaft, ein Unternehmen zu gründen, muss per se gewürdigt werden, ganz gleich, ob das Unterfangen klappt oder nicht. Hierzulande werden Gründer, die es nicht schaffen oder gar in die Insolvenz schlittern, nicht nur nicht gesehen, sie sind gesellschaftlich erledigt, gebrandmarkt.«

Springen wir an dieser Stelle zu Speed-Bergsteiger Benedikt Böhm, der in sich selbst seinen härtesten Trainer gefunden hat. 2019, das Jahr ist nur wenige Tage alt, sitzt er mit sechs befreundeten Extrem-Ausdauersportlern gemütlich beim Mittagessen zusammen. Gemeinsam erinnern sie sich an ihre »Hannibal-Mission« 13 Jahre zuvor. Mit Tourenskiern ging es querfeldein über die Alpen. Ausgangspunkt: Ruhpolding, Oberbayern. Endpunkt: Kasern, Italien. Die Bilanz nach zweieinhalb Tagen spricht für sich: 210 Kilometer, 13 000 Höhenmeter, 360 Blasen über 14 Füße verteilt. Nicht alle haben die Aktion geschafft, »sie war grandios, aber auch sehr anstrengend und sehr, sehr schmerzvoll«. Dennoch blickt Böhm neugierig in die Runde und fragt: Warum es nicht noch einmal wagen? »Die Bedingungen sind in diesem Winter perfekt. Nur würde ich diesmal nonstop durchlaufen, ohne Pause. Steigerung muss sein.« Alle schauen ihn entgeistert an, erinnern sich an die Qualen von damals und lehnen ab, sind aber letztlich doch bereit, ihn wenigstens etappenmäßig zu begleiten.

Am 9. März macht sich Benedikt Böhm auf den Weg. Nach 110 Kilometern, gerade mal der Hälfte, hat er schlimme Verletzungen an den Fersen, mehr Fleischwunden als Blasen. Doch aufgeben ist für ihn keine Option. Er entscheidet: »Ich werde meine Energie nicht länger für den Kampf gegen den Schmerz verschwenden, er wird nicht weggehen, sondern mit jedem Schritt stärker. Um durchzukommen, nehme ich ihn an, akzeptiere ihn ab sofort als meinen Begleiter.« Böhm hat mit

Religion nicht viel am Hut, doch rückblickend wird er sagen, »das war fast schon eine spirituelle Grenzerfahrung, der Schmerz ließ nach, es wurde besser und besser«. Nach 28 Stunden und 45 Minuten kommt Böhm ins Ziel, gut sieben Stunden schneller als geplant. Herausforderung angenommen, Herausforderung gemeistert. Auch wenn er danach drei Monate nur noch in Flipflops gehen konnte, bis heute ist die Ferse schmerzempfindlich.

CHRISTOPHER »Das ist natürlich Peak Performance in Extremkultur. Du setzt dir ein Ziel. Gibst alles. Überwindest Widerstände, selbst den Schmerz. Und wirst danach mit Erfolg und unbändigem Stolz auf deine eigene Leistung belohnt. Ganz abgesehen von den 13 000 Euro, die Benedikt Böhm mit seiner Speed-Transalp für die Albert-Schweitzer-Kinderdörfer einsammeln konnte. Allerdings frage ich mich, ob diese Extremform eine Blaupause für unsere Kinder und Mitarbeiter sein kann. Magdalena, du sprichst von Fleiß, Disziplin, Selbstüberwindung. Ich hingegen beobachte Eltern, die ihren Kindern jeden Wunsch sofort und bedingungslos erfüllen. Smartphone kaputt, hier hast du ein neues. Und ihnen jede noch so kleine Hürde aus dem Weg räumen. Dass es dafür einen Begriff gibt, zeigt, dass dies nicht nur mein Eindruck ist. Bulldozer- statt Helikopter-Eltern.
Nur eine Geschichte dazu aus meinem Leben. Mittwochnachmittag steht bei meinem Sohn Fußballtraining auf dem Plan. Vor wenigen Wochen fing es an einem dieser Tage mittags an zu regnen. Es dauerte keine drei Minuten, schon vibrierte das Handy und die erste WhatsApp trudelte in der Elterngruppe der F-Jugend ein. Ein Elternteil fragte: Sollen wir das Training

ausfallen lassen? Bei diesem Wetter können wir die Kinder doch nicht auf den Rasen schicken! Ab da Mimimi, bis sich letztlich die Trainer dem Druck der Gruppe beugten und absagten. Kein Training heute. Kein Witz! Ich habe die Enttäuschung in den Augen meines Sohnes gesehen, er hatte sich auf sein Training gefreut! Ich also meine Sportschuhe angezogen und mit ihm zusammen auf den Platz. Individuelles Training. Es hatte nur leicht getröpfelt. Also haben wir die Regenjacken wieder ausgezogen. Ich konnte es mir nicht verkneifen und habe von uns beiden mit strahlenden Gesichtern ein Foto an die Trainer geschickt.«

Bernhard Fragner hätte vermutlich ähnlich reagiert. Der CEO und Gründer der österreichischen Globe Air fordert seine Tochter gerne extra heraus. Auch wenn das mitunter zu Diskussionen mit seiner Frau führt. Sie findet, dass er ihr zu viele Steine in den Weg legt. Er sagt dazu Learnings. Lassen wir ihn ein Beispiel selbst erzählen:

»Wir haben unserer Tochter nach dem Führerschein die Hälfte ihres Autos finanziert. Alles fein. Halbe-halbe ist für mich okay. Doch kurze Zeit darauf hat sie einen schweren Verkehrsunfall. Selbstverschuldet, erheblicher Sachschaden, ich sage nur Handy. Ihre erste Frage danach: Kann ich bitte dein Auto für die Fahrt in die Arbeit haben? Ich sage nein, sicher nicht. Ihre zweite Frage: Kannst du mir bitte die Reparatur bezahlen? Ich sage nein, sicher nicht. Du gehst jetzt zur Bank, auch wenn es unangenehm ist, und fragst nach einem Kredit. Nachdem sie merkt, dass es mir ernst ist, geht sie tatsächlich zur Bank und bekommt dort ein Angebot für einen Dreijahreskredit. Ich mache ihr

»Ein Peak Performer weiß, wann man **um Hilfe bitten** muss und wen man fragen kann.«

Tobias Arlt

ein Gegenangebot: gleicher Betrag, keine Zinsen, aber du stotterst den Kredit in nur sechs Monaten ab. Sie: Da bleibt ja nichts übrig von meinem Gehalt. Meine Frau: Du bist so brutal, deine einzige Tochter, willst du das ganze Geld mit ins Grab nehmen? Ich: Darum geht es nicht, schlag ein oder lass es sein. Das Ende der Geschichte: Meine Tochter nimmt mein Angebot an, richtet sich einen Dauerauftrag ein, ist nach einem halben Jahr fertig. Sie ist stolz, ich bin stolz. Aus eigener Anstrengung hat sie es geschafft und gelernt: Ich kann mich einschränken, ich kann auf ein Ziel hinarbeiten. Solche Erfahrungen sind wichtig. Hürden sind wichtig.«

CHRISTIAN »Deshalb beeindruckt mich Bernard Krone. Er ist Familienunternehmer in vierter Generation im Emsland. Landmaschinentechnik, ehrliche Ware. Sein Vater hat zu ihm klar gesagt: Du muss nicht in meine Fußstapfen treten, aber wenn du das Unternehmen übernehmen willst, verlange ich Abitur und Studium, damit du dir das richtige Rüstzeug zulegst. Ohne geht es nicht. Das Vorurteil, einziger Sohn, Erbe gebongt, trifft auf ihn nicht zu. Der Vater hat ihm explizit Hürden in den Weg gestellt – und Bernard Krone hat sie genommen.«

Auch Benedikt Böhm musste sich als fünftes Kind von sechs viele Dinge selbst finanzieren. Die Eltern konnten beileibe nicht alle Wünsche erfüllen. Mit seinen Geschwistern spricht er ab und an darüber, dass die Eltern ihnen damit unfreiwillig den größten Gefallen getan haben. Alle haben früh gelernt, auf eigenen Beinen zu stehen und sich Wünsche selbst zu erfüllen.

Man bekommt nur selten etwas geschenkt.

»Auch wenn es unbequem war und wir es uns manchmal anders gewünscht hätten: Wir haben dadurch Selbstwirksamkeit erlebt, unsere Selbständigkeit und unser Vertrauen in die eigenen Fähigkeiten trainiert – ich wäre ohne diese Erfahrung vermutlich heute nicht der, der ich bin. Wenn ich auf einen Baum geklettert bin, hieß es nicht: ›Komm runter!‹, sondern eher: ›Schaffst du den nächsten Ast auch noch?‹ Nicht weil meine Eltern mich pushen wollten, sie haben mir das zugetraut – alles in allem eine liebevolle Homebase, zu der meine Geschwister und ich auch heute noch regelmäßig zurückkehren.«

Zu seinen eigenen Kindern ist er milder. Zum einen, »weil meine Frau anders gepolt ist, sie hat mehr Angst, die gilt es ernst zu nehmen«. Zum anderen, »weil Ressourcen vorhanden sind, da ist es schwieriger, konsequent zu sein, nicht auch nachzugeben«. Und doch versucht er sich immer wieder an seine eigene Kinder- und Jugendzeit zu erinnern. Was hat mich stärker und stolz gemacht? Waren es nicht genau die Momente, in denen ich aus eigener Kraft Hürden und Widerstände überwunden habe? »Wir leben in der Zeit, in der wir leben, aber es liegt an uns, Prinzipien, die wir gut finden, die für uns nach wie vor Sinn ergeben, hochzuhalten, anzupassen, zu modifizieren.«

MAGDALENA »Da kann ich mitgehen. Vor kurzem wollten meine zwei ›Großen‹, sechs und acht Jahre alt, unbedingt etwas aus dem Dorfladen. Daraufhin habe ich ihnen einen Rucksack und Geld in die Hand gedrückt und auf den Weg ins Dorf geschickt, der einfache Weg ein Fußmarsch von etwa 20 Minuten. Nach einer Stunde kamen sie stolz zurück. Als

»Ein Peak Performer
ist für mich:
Jeder Mensch, der
sein **persönliches
Maximum**
anvisiert und
trotz Anstrengung
Freude empfindet.«

Lars Bender

ich ein paar Tage später der Verkäuferin erzählte, dass ich entgegen ihrer Erwartung nicht auf dem Parkplatz vor der Tür gewartet habe, war sie sichtlich irritiert – aber ich wusste ja, dass ich meinen Kinder das zutrauen kann, sie passen auf, mehr sogar, als wenn ich neben ihnen hertrotte. Auch mir fällt es nicht immer einfach, meine Kinder ziehen zu lassen, in solchen Situationen verspüre ich ganz klar Widerstände, doch man tut ihnen einfach keinen Gefallen, wenn man ihnen alles abnimmt.«

CHRISTOPHER »Kennt ihr Esther Wojcicki? Die US-amerikanische Journalistin und Lehrerin aus Palo Alto, Kalifornien, hat mit ihrem Buch *Panda Mama* das Gegenmodell zu den Bulldozer-Eltern entworfen. Ihr Plädoyer: Vertraut euren Kindern, dann vertrauen sie auch sich selbst, für Wojcicki die Basis für ein Leben in Freiheit und Selbständigkeit. Ihren Töchtern hat sie schon mit acht Jahren die Lebensmitteleinkäufe für die ganze Familie übertragen und selbständig in die Schule geschickt. In den USA inzwischen ein ziemliches Unding. Eltern bringen die Kinder ins Klassenzimmer und holen sie auch dort wieder ab. In machen Staaten ist es per Gesetz verboten, die Kinder alleine zu Hause zu lassen – und sei es nur für eine halbe Stunde. Ist das etwa das ›Land of the free‹? Steve Jobs hat übrigens seine Kinder von der Privatschule genommen und sie auf die Palo Alto High School geschickt, damit sie in Wojcickis Unterricht gehen können.«

Kommen wir nach diesem Diskurs nochmal auf das blanke Training zurück. Gerade in Zeiten von Social Media mit seinen photogeshoppten Fotos ist es uns wichtig, einmal mehr zu betonen: Es gibt einen klaren Zusammenhang.

Je einfacher es aussieht, umso mehr Schweiß ist im Vorfeld geflossen. Und mindestens 80 Prozent des Erfolgs geht auf harte Arbeit und Vorbereitung zurück.

Zwei Regeln, die alle Peak Performer ohne Wenn und Aber unterschreiben würden.

Ein Benedikt Böhm, der sich für seine Speed-Touren auf die höchsten Berge unserer Welt quasi täglich ins Training begibt. Vor der Arbeit rennt er am liebsten auf die Alpspitze rauf. Für normale Bergsteiger ein knackiger Tagestrip trotz Abfahrt per Bahn. Für ihn drei Stunden Frühsport. Wenn er rechtzeitig aus dem Job kommt, rennt er noch einmal auf einen Berg. Am Wochenende sind die Trainingseinheiten länger. »Sechs, acht Stunden, drei Gipfel in Folge.«

Ein Tobias Arlt und ein Tobias Wendl, die den gesamten Sommer trainieren, um die Rodel-Wintersaison überstehen zu können. Fünf Stunden Training, Physio und bis Mitternacht in der Werkstatt, um den Schlitten zu optimieren, das ist kein seltenes Tagespensum. »Wenn du da schludrig bist, hast du im Winter keinen Spaß, das Kreuz tut weh, der Schlitten läuft nicht, keine Chance, Erfolge zu erzielen«, so Wendl.

Ein Thomas Huber, der Extrembergsteiger. 2007 stellten er und sein Bruder Alexander einen Speed-Rekord am El Capitan im Yosemite Nationalpark in Kalifornien auf. Sie klettern die tausend Meter lange Route »The Nose« in zwei Stunden, 45 Minuten und 45 Sekunden. »Für so eine unfassbare Performance brauchst du zuvor ein unfassbares Training. Wir haben jeden einzelnen Meter trainiert, gecheckt, was können wir an dieser oder jener Stelle effizienter machen.« Nichts wurde dem Zufall überlassen. Jeder Schritt, jeder Tritt, jeder Griff musste sitzen. »Wenn die ersten 20 Minuten nicht mit Leichtigkeit funktionierten, haben wir das Tempo gedrosselt und uns noch einmal sechs Stunden lang der ganzen Wand gewidmet.« Etappe für Etappe. Meter für Meter. Für die beiden Perfektionisten gilt die Realitätsregel: nichts vorgaukeln, ehrlich mit sich und den Realitäten sein. »Du darfst eine Wand nicht zu deinem eigenen Vorteil verändern. Wer da manipuliert, optimiert, verliert seine Reputation für immer.« Heißt: keine Tricks, keine unfairen Abkürzungen zum Ziel.

Auch eine Anja Blacha. Ob mit dem Schlitten durch die Antarktis oder ohne Sauerstoffmaske auf den K2: »Es gibt so viele Leute, die zu Hause sitzen und sagen: ›Ja, wenn mir jemand das Geld gibt, könnte ich es auch machen.‹ Aber es geht nicht nur darum, einen Fuß vor den anderen zu setzen. Wenn es losgeht, braucht man eine Grundfitness, ein gutes Immunsystem, technische Fähigkeiten, eine ausdauernde Leistungsbereitschaft und viel, viel Wissen – auch wie man das Geld dafür zusammenbekommt.« Allein für ihre Südpol-Expedition studierte sie monatelang Videos, recherchierte jedes kleinste Detail, kontaktierte Experten rund um den Globus, die sie mit Know-how versorgten, zog in Zürich alte Autoreifen um die Hüften gebunden die Straßen hoch und runter, flog nach Grönland, »um zu üben, üben, üben«.

»Ein Peak Performer gibt nicht nur Leistung, sondern auch **Werte**.«

Sven Bender

Wie man ein Zelt bei Schneesturm aufbaut, einen Schlitten so packt, dass man in jeder Situation auf das Richtige und Notwendige zugreifen kann. »Selbst jede Kalorie habe ich im Vorfeld tages- und zeitgerecht verpackt, um nicht vor Ort entscheiden zu müssen, ob ich noch einen Löffel mehr essen kann oder nicht. Der Hunger sagt immer ja, doch mit der Zeit verlierst du die Selbstbeherrschung, den Überblick, die Kontrolle.« Für Blacha einer der Gründe, warum Expeditionen scheitern: Das Essen geht aus.

Den Lohn für all die Anstrengung fasst die 33-Jährige so zusammen: »Der Startschuss fällt und alle Last rutscht von den Schultern, die Stimmen der Zweifler verstummen in deinem Kopf. Du bist nur noch im Hier und Jetzt und kannst genau das machen, was du immer wolltest. Ein unglaubliches Gefühl von Freiheit und Verwirklichung!« Beim Ziehen lässt sie sich mit einer großen Fahne fotografieren, darauf der Spruch: Not bad for a girl! Weil man nicht groß, stark und männlich sein muss, um solche Expeditionen zu unternehmen, »als Frau kann man sich vieles erarbeiten, vieles kommt unserem Naturell entgegen: Kann ich planen, mich durchbeißen, mit Bedacht und Weitsicht agieren, meine Energiereserven behalten, glücklicherweise verlieren Frauen weniger schnell Fett – in der Kälte ein klarer Vorteil.«

CHRISTIAN »Mir fällt zu all dem Holger Geschwindner ein, der Basketballtrainer hat Dirk Nowitzki entdeckt und dessen gesamte Karriere begleitet. Ein Trainingselement: 60-mal aus fünf Metern Entfernung in den Korb werfen. Wenn es einmal nicht klappt, wieder von vorne anfangen. Egal, auch wenn Nowitzki 59-mal getroffen hat, ein Fehlversuch reicht und die Chose beginnt wieder von vorne. Das nenne ich kon-

sequent. Nicht aufgeben, bevor die Aufgabe erfüllt ist. Nicht aufrunden und schummeln. Nein, von Anfang bis Ende ehrlich sein. Freudig die Aufgabe annehmen. Geschwindner: ›Den Stein täglich mit Freude bergauf zu rollen ist eine Herausforderung, die sich kaum vermeiden lässt. Eine weitere besteht darin, täglich sein eigenes Feuer aufs Neue zu entfachen.‹
Auch ich kaue meinen Mitarbeitenden nicht täglich vor, was sie zu tun haben. Das sind alles hochintelligente Leute, Individuen. Ich stelle nur das Spielfeld zu Verfügung, auf dem sie dann innerhalb abgesteckter Grenzen selbstverantwortlich und mit einem hohen Freiheitsgrad spielen können. Keine festen Rollen, keine festen Zuteilungen, hohe Flexibilität.
Das Ausmaß für Fleiß und Training legt jeder selbst für sich fest. Wenn es später nicht mit den Unternehmenszielen zusammenpasst, muss man sich womöglich trennen. Aber F leiß bedeutet zunächst die Freiheit, sich selbst weiterzuentwickeln und bestmöglich ins Unternehmen einzubringen.
Muhammad Ali hat dazu einmal gesagt: ›The will must be stronger than the skill.‹ Benedikt Böhm: ›An athlete is anybody who has the will‹.«

CHRISTOPHER »Ja, sehr schön. Dazu passt auch ein Satz von Wolf Lotter. Der Publizist schreibt: ›Leistung bedeutet, sich selbst ein Ziel setzen zu dürfen, und bei der Wahl der Mittel, es zu erreichen, die eigenen Kräfte zu mobilisieren.‹ Manche Kräfte sind in einem angelegt, manche muss man sich erst antrainieren. Das war auch bei Matthias Steiner nicht anders. Von ihm habe ich gelernt, dass du als Gewichtheber fünf

»**Eigene Erfolgsmaßstäbe** setzen und versuchen, diesen mit **Ambition** gerecht zu werden – das ist für mich Peak Performance.«

Anja Blacha

Dinge brauchst. Du musst belastungsverträglich sein. Du musst technisch versiert sein. Du musst schnell sein. Du musst mental stark sein. Und du musst trainieren wollen. Doch die Athleten, die er kennt, sind von ihren Genen oder ihrem Talent her nur in ein, zwei Sachen besonders gut. Steiners größtes Kapital waren seine Belastungsverträglichkeit und seine starken Beine. Dafür war er langsam und musste sich die Technik hart erarbeiten. Das hat er dann auch getan. An der Weltspitze war er einer der besten Techniker.
Doch auch hier nochmal die Frage: Können wir Menschen – und da denke ich vor allem an Kinder und Jugendliche – mit solchen Geschichten noch catchen? Sind sie bereit, sich mehr anzustrengen, als ihr Talent es ihnen erlaubt? Auch wenn sie wissen, dass die Social-Media-Welt nicht die reale Welt ist, haben all die Bilder und Videos eine enorme Wirkung. Da surft jemand die perfekte Welle. Aber was davor geleistet werden muss, damit eine solche Spitzenleistung entstehen kann, wird nicht gezeigt. Die Kids gehen dann in das erste Surfcamp, stellen sich aufs Brett und fallen tagelang nur herunter. So haben sie sich das nicht vorgestellt, nicht wenige brechen ab und legen sich wieder an Strand oder Pool und schauen den Surfern von weitem zu. Sie sind nicht einmal bereit, die erste Hürde zu nehmen. Da kann der Trainer noch so kreativ, die Eltern noch so motivierend sein.«

Das Thema »Anstrengungsbereitschaft« spiegelt sich derzeit in kaum einer Debatte mehr als in der Gen Z-Diskussion. Wie stehen die Geburtenjahrgänge von 1995 bis 2010 zu dem Spruch »Ohne Fleiß kein Preis«? Sind sie von sich aus bereit, Leistung zu erbringen, oder bleiben sie lieber in der Hängematte liegen?

In den Kommentaren zu einschlägigen Artikeln stehen sich diese Positionen unversöhnlich gegenüber:

Wir sind ein Land der Schluffis geworden! Selbstüberschätzung gepaart mit Bequemlichkeit ist das Rezept der jungen Generation. Mit denen geht es keinen Schritt nach vorne. Zu viel Work-Life-Balance, zu wenig Fleiß und Disziplin.

Wo soll der Antrieb herkommen? Die Babyboomer hinterlassen dieser Generation eine kaputte Welt. Gehör findet die junge Generation mit ihren Wünschen und Sorgen nicht, sie werden ignoriert, belächelt, beschimpft oder im Fall der Klimakleber weggezerrt und weggesperrt.

> **MAGDALENA** »Ich finde die Frage: ›Wo soll der Antrieb herkommen?‹ zentral. Du musst wissen, wofür du dich anstrengst, und brauchst ab und an ein Erfolgserlebnis. Sonst wird es extrem schwierig, sich aufzuraffen, sich zu motivieren. Für Anja Blacha ist es ›Verwirklichung‹, auf sich alleine gestellt durch die Antarktis zu laufen. Und wenn sie ihr Ziel erreicht, wird ihr die Erinnerung helfen, auf das nächste und übernächste Ziel hinzuarbeiten, ihre Widerstände zu umarmen. Heute ist es nicht mehr so einfach, mich drei Stunden aufs Fahrrad zu setzen. In meiner aktiven Phase habe ich nicht eine Sekunde nachgedacht. Sechs Stunden Sport pro Tag waren normal. Ich konnte bei schlechtem Wetter, Müdigkeit oder Schmerzen trainieren, weil

ich wusste: Im Februar ist Wettkampfzeit, ich will eine Medaille, am besten Gold, und das geht nur, wenn ich jetzt in die Vollen gehe – wobei ich im Training nicht immer 100 Prozent abgerufen habe, um im Wettkampf dann 120 geben zu können.«

CHRISTOPHER »Also anders als ein Dominik Klein, der sich den gut gemeinten Tipp seines Vaters in jungen Jahren hinter die Ohren geschrieben und immer zehn Prozent mehr gegeben hat als die anderen.«

Das können die zehn Bälle mehr nach jedem Handballtraining sein, die zusätzliche Sprinteinheit am Abend oder die Extra-Einheit Samstag früh, weil Klein sich als Einziger den Schlüssel für die Halle bei der Hausmeisterin besorgt. Auch heute hält sich der ehemalige Handballprofi an diese Regel. Beispiel Joggen: Nach den ersten zwei Kilometern folgen weitere zwei Kilometer mit Intervall-Läufen im Pyramiden-Style. Zehn Sekunden schnell, zehn Sekunden langsam, 20 Sekunden schnell, zehn Sekunden langsam, 30 Sekunden schnell, zehn Sekunden langsam und so weiter. Dock Klein läuft nicht zehn, 20 oder 30 Sekunden, sondern elf, 22, 33.

CHRISTOPHER »Aber Christian, sag, was ist dein Eindruck? In deinem Unternehmen arbeiten über drei Standorte verteilt 250 Mitarbeitende, darunter viele junge. Sind sie von sich aus anstrengungsbereit, oder stellen sie erst einmal Forderungen, bevor sie einen Finger krümmen? Provokant gefragt: Musst du sie zum Jagen tragen?«

CHRISTIAN »Ich kann dir zahlreiche Geschichten erzählen. Über einen Bewerber, erst kürzlich, der nicht bereit war, den gesamten Bewerbungsprozess inklusive Study Case zu durchlaufen, weil er keinen Bock auf Stress hat. Eine Mutter, die sich für ihren 25 Jahre alten Sohn beworben hat, weil sie ihm diesen Druck ersparen möchte, nicht zumutbar, zu sensibel. Oder über Bewerber, die trotz unterschriebenen Vertrags nicht antreten, Absage Fehlanzeige, Handynummer nicht mehr existent. Doch was bringt es? Wir haben mit unserer Art zu wirtschaften, zu arbeiten und zu leben, Realitäten geschaffen, zu denen sich die nachfolgenden Generationen auf ihre Art verhalten. Es gilt, diesen Wandel zu akzeptieren und darauf Antworten zu finden. Meine Meinung. Die Leistungsbereitschaft ist nicht per se weg, du musst sie nur anders herauskitzeln.

Eines ist aber gleich geblieben. Ob immer zehn Bälle mehr, mit den Skiern querfeldein über die Alpen, einen Schlitten durch die Antarktis ziehen oder trotz Verletzungen auf dem Fußballfeld stehen – das machst du in dieser Konsequenz nur, wenn du es selbst wirklich, wirklich willst. Und nicht, weil dein Vater oder dein Chef oder dein Trainer es von dir verlangen. Dementsprechend kannst du auch als Unternehmer eine hohe Leistungsbereitschaft nur abrufen, wenn Mitarbeitende das ›Warum‹ verstehen, verinnerlichen und es zu ihrem ›Warum‹ machen. Es muss für sie Sinn ergeben, sich mit ihren Werten und Zielen decken, Spaß machen.

Ich bin ganz bei den Bender-Brüdern, die sagen: Arbeit, harte Arbeit muss sich auszahlen. Diese Gerechtigkeit wird bei weitem nicht allen zuteil – die Zahl der Menschen, die einen zweiten oder dritten Job brauchen, um überleben zu können, steigt kontinuierlich. Doch dieser Deal ist die Grundvoraussetzung, dass Menschen Widerstände überwinden und ihr Bestes geben, tagein, tagaus, über Jahre und Jahrzehnte hinweg. Für sich selbst, für die Familie, für einen Verein oder für ein Unternehmen. Ohne Fleiß kein Preis gilt genauso wie ohne Preis kein Fleiß. Wobei ohne Preis kein Fleiß zu der heutigen Arbeitswelt fast besser passt.«

CHRISTOPHER »Wir können die Zeit nicht zurückdrehen. Da gebe ich dir vollkommen recht. Die Bereitschaft, sich unbegrenzt für sein Unternehmen aufzuopfern, wie noch vor 20, 30 Jahren, hat insgesamt abgenommen. Punkt. Aber man darf deswegen nicht zu dem Schluss kommen, dass junge Menschen nicht mehr leistungsbereit wären. Sie sind es sehr wohl. Der Randstad Workmonitor 2023 hat erst vor kurzem gezeigt, dass Arbeit für Dreiviertel der 18- bis 24-Jährigen nach wie vor ein wichtiger Teil des Lebens ist, wenn sie sich mit dem Unternehmenszweck und – vielleicht noch wichtiger – dem Beitrag des Unternehmens zum Gemeinwesen identifizieren können. Identifikation ist neben dem Gehalt der elementare Baustein, aus dem sich der Preis für den Fleiß zusammensetzt. Das Problem: Aus meiner Erfahrung heraus können die wenigsten Organisationen ihren Mitarbeitenden und Bewerbern dieses ›Warum‹ erklären. Einige versuchen dann Gründe zu erfinden, mit ordentlich Personalmarketing. Am Ende wird der Unternehmenszweck aber niemals ›erfunden‹, er wird immer

»Ein Peak Performer
ist für mich ein
Mensch, der in der
Gesellschaft und
Gemeinschaft Werte
wie Respekt, Vertrauen,
Verlässlichkeit und Fair
Play verkörpert und
diese mit großer
Verantwortung tagtäglich
lebt und vorlebt.«

Hans Blaser

›gefunden‹. In der Geschichte des Unternehmens, den Motivationsquellen der führenden Persönlichkeiten und in den Beweggründen der langjährigen Mitarbeitenden. Unternehmen wie Patagonia machen es vor. Bei der Outdoor-Marke werden nicht nur Jacken repariert, erst kürzlich wurde das gesamte Unternehmen in eine Stiftung überführt. Alle Gewinne fließen seitdem in die Bekämpfung des Klimawandels. Der Gründer Yvon Chouinard sagte dazu: ›die Erde ist ab sofort uns einziger Aktionär.‹ Das ist radikal. Schafft aber enorme Identifikation. Es muss nicht immer darum gehen, die Welt zu retten. Aber ein bisschen mehr als ›Wir wollen Geld verdienen‹ sollte der Unternehmenszweck schon bieten, finde ich.«

Leistungsgrenzen: Sieh deine Limits oder alles hat Konsequenzen, du musst sie aushalten können

Kapitel 2

Dezember 2020. Mitten in der Antarktis. Minus 40 Grad. Seit Wochen ist Anja Blacha alleine in dieser lebensfeindlichen Umgebung unterwegs. Mit einem Schlitten im Schlepptau, auf dem sie ihr Überlebensequipment für insgesamt 58 Tage hinter sich herzieht. Der erste Eissturm liegt hinter ihr, acht Tage fegten Böen von über 100 Stundenkilometern über den Schnee. Whiteout. Alles verschwamm zu einer einzigen Farbe, kein Horizont zu sehen. Dennoch: Im Zelt ausharren geht bei solchen Extremwetterereignissen nicht, man muss den Zeitplan einhalten, Essen und Brennstoff sind ohne viel Puffer kalkuliert. Menschen trifft Blacha auf den knapp 1400 Kilometern nicht, nicht einmal ein Tier. Als sie am 9. Januar den Südpol erreicht, heißt es: Weltrekord!

Noch nie hat eine Frau alleine und ohne fremde Unterstützung eine solche Strecke zurückgelegt.

»Im metaphorischen Sinne gehe ich bei solchen Aktionen permanent über meine Grenzen. Tatsächlich gehe ich aber niemals über meine Grenzen. Denn Antarktis, Grönland oder auch Mount Everest sind keine Orte für Regeneration. Selbst kleine Schnittwunden oder eine Blase am Fuß heilen nicht. Weder in der Kälte noch in der Höhe.«

CHRISTOPHER »Über Anjas Ausführungen musste ich länger nachdenken. Nie an seine Grenzen gehen, um Außergewöhnliches zu erreichen? Ist eine Grenze nicht dafür da, sie zu testen, sie zu verschieben? Ich habe, seit ich denken kann, mich durch das Testen von Grenzen weiterentwickelt,

»Ein Peak Performer ist für mich ein Mensch, der jeden Tag versucht, der zu werden, **der er sein kann.**«

Benedikt Böhm

als Unternehmer, als Mensch. Lässt sich nicht nur Außergewöhnliches schaffen, wenn man wirklich an seine Grenzen geht? Oder funktioniert das im Business vielleicht besser als bei minus 40 Grad im ewigen Eis? Jedenfalls schauen die Peak Performer, mit denen wir gesprochen haben, ganz unterschiedlich auf körperliche und mentale Grenzen.«

Beispiel Matthias Steiner. Im Vorfeld von Olympia 2008 hat der Gewichtheber von Januar bis August ein sehr anspruchsvolles Training absolviert. Das Ziel: 200 Kilo Reißen, 260 Kilo Stoßen. Zumindest theoretisch. »Auch wenn du im Training nicht ans Äußerste gehst, bist du dir doch bewusst, dass du diese Gewichte im Wettbewerb schaffen kannst.« Fünf Wochen vor Peking stellt Steiner eine Weltjahresbestleistung in Heidelberg auf. »Auf der Pressekonferenz erzählte mein Trainer, dass wir für Olympia bereit sind. Wir wollen Gold. Doch das war in den Medien niemandem eine Meldung wert. Andere Sportstars standen mehr im Mittelpunkt, wie Dirk Nowitzki oder Fabian Hambüchen. Diese Ignoranz hat mich gepusht, ich wollte gesehen werden, Aufmerksamkeit erzielen, die Medaille nach Hause bringen, auch für meine Frau, die ein Jahr zuvor durch einen Autounfall ums Leben kam.«

Der Ausgang, kurz erzählt: Um dem Russen Jewgeni Tschigischew das olympische Gold zu entreißen, muss Steiner 258 Kilo stoßen, so viel wie noch nie. »Als ich auf der Bühne stehe, spüre ich meine Beine kaum mehr, atme flach und in kurzen Stößen. In diesem Moment ist mir alles egal. Die Stange muss nach oben – und wenn mir alle Knochen wegfliegen, alle Sehnen und Bänder reißen, das nehme ich in Kauf.« Steiner macht das Unmögliche möglich, die Halle verstummt, ein Moment für die Ewigkeit. Olympiasieger, stärkster Mann der Welt, »mehr geht in meiner Sportart nicht«.

CHRISTOPHER »Wenn ich Matthias und Anja gegenüberstelle, wäre mein Learning: Sei dir deiner Grenzen bewusst, traue dich an sie heran, vielleicht geht mehr, als du denkst. Und überlege dir, ob du bereit bist, mit den Konsequenzen umzugehen, wenn du sie überschreitest. Für Anja hätte das Überschreiten ihrer Grenzen den Tod bedeuten können, für Steiner mehrere Wochen Krankenhaus. Wobei ein Benedikt Böhm ebenfalls in Grenzbereich Leben und Tod unterwegs ist. Jenseits der 8000-Meter-Marke fängt die Todeszone an, länger als 48 Stunden kann man als Mensch dort nicht bleiben.«

CHRISTIAN »Interessant ist, was Thomas Huber zum Thema sagt. Er stellt sich die Grenze wie eine Mauer vor. Als Extremkletterer versucht er sie zu verschieben, Zentimeter für Zentimeter. Manchmal klettert er auch auf sie rauf, um auf die andere Seite zu blicken, wohlwissend, dass dort das Risiko unkalkulierbar wird. An diesem Punkt nicht drüber zu springen, auch wenn die Verlockung noch so groß ist, klappt aus seiner Sicht nur mit Bauchgefühl, Empathie zum Leben und dem Wissen, dass kein Rekord, so spektakulär er auch ist, ewig währt. Früher oder später wird er gerissen. Nach seinem Unfall und vor allem seiner Tumorerkrankung hat sich für ihn vieles relativiert. Er fordert sich heraus, nach wie vor, aber überlegt sich sehr genau, wie er mit der Mauer umgeht;

»Der Inbegriff des Peak Performers ist für mich Barack Obama, weil es ihm gelingt, sich das Höchste abzuverlangen und das Ganze leicht, ja geradezu mühelos wirken zu lassen. Welche positive Energie hat er in der ganzen westlichen Welt verbreitet! Ein Peak Performer verkörpert für mich genau diese Kombination aus Leistung, Authentizität, Motivation, Mut, Verantwortungsbewusstsein, Weitsicht, Empathie und Gelassenheit. Wir sollten junge Menschen ermutigen, stolz auf ihre Leistung zu sein, Führung in der Gesellschaft zu übernehmen, aber ihre Leistung nicht über andere oder alles andere zu stellen, sondern andere zu begeistern. Es muss uns gelingen, junge Menschen zu weniger (elektronischem) Zusehen – **watching** – und zu mehr Anpacken – **doing** – zu gewinnen.«

Martin Böttger

je älter er wird, desto stärker spürt er ihren Widerstand. Pusht er nur einmal zu viel, kann es für immer vorbei sein mit den Bergen und der Suche nach der perfekten Linie.«

Managementtrainer Reinhard K. Sprenger sagt, dass Erwachsensein bedeutet, die Konsequenzen seines Tuns auszuhalten. Damit meint er aber auch, dass man erst im Laufe des Lebens besser einzuschätzen lernt, welche Konsequenzen man sich überhaupt bewusst machen sollte.

Lebenslang konsequent.

Bei Kindern ist diese Fähigkeit noch geringer ausgeprägt. Der Grund, sagt der Erfurter Erziehungswissenschaftler Tilman Betsch: »Kinder können durchaus schon sehr früh informierte Entscheidungen treffen, das heißt, recht viele Informationen in der Umwelt berücksichtigen und in ihren Entscheidungsprozess integrieren. Was uns dabei am meisten interessiert, ist, wie Kinder mit Wahrscheinlichkeiten umgehen.« In unserer Welt könne man, so Betsch, die Ausgänge der Entscheidungen zunehmend nicht mit Sicherheit vorhersagen. Menschen wetten deshalb auf zukünftige Ereignisse. Kinder allerdings können Wahrscheinlichkeiten erst im Laufe der Zeit besser nutzen und relevante von irrelevanten Informationen trennen. Das bedarf Training und Erfahrung. Einer, der das schmerzlich am eigenen Leib spüren musste, ist der Skirennfahrer Gerd Schönfelder. Zwei Erfahrungen mit Grenzen aus seinem Leben. Einmal springt er drüber, einmal bleibt er davor stehen.

11. September 1989. Schönfelder ist 19 Jahre alt. Ein Arbeitskollege fährt ihn zum Bahnhof, sie sind spät dran, Schönfelder sieht den Zug schon über die Autobahnbrücke einfahren und entscheidet: Gas geben, jetzt, den schaffe ich noch. Er stürmt aus dem Auto, rennt zum Gleis, der Zug setzt sich in Bewegung. Er greift nach einem der Türöffner, zieht daran, die Tür geht auf, »damals war das noch so«, rennt, was das Zeug hält, in der Überzeugung, sich irgendwie hineinschwingen zu können. Doch Jacke und Rucksack behindern ihn zu stark. Nach hundert Metern Sprint kann er das Tempo nicht mehr halten, aus Überzeugung wird Hoffnung, »vielleicht sieht mich ja der Schaffner und hält an«. Fehlanzeige. Schönfelder fällt auf die Knie, wird mitgerissen, rutscht zwischen Zug und Gleis. Die letzte Achse reißt seinen rechten Arm aus, die Räder trennen alle vier Langfinger seiner linken Hand ab. Nur der Daumen bleibt übrig.

23. April 2023. Knapp 34 Jahre später. Schönfelder nimmt bei der Survival-Show »Arctic Warrior« von Exsoldat und Youtuber Otto Karasch teil. Ausgesetzt im finnischen Nirgendwo. Minus 40 Grad. Schnee, so weit das Auge reicht. Zusammen mit seinem Teampartner macht er sich auf den Weg, das erste Tagesziel zu erreichen. Das GPS zeigt an, dass es hinter dem nächsten Berg liegt, vielleicht aber auch oben am Gipfel, eindeutig erkennen lässt sich die Position nicht. »Mit der vollen Power in den Beinen entscheiden wir uns, direkt über den Berg zu gehen, nicht außen herum.« Doch mit jedem Höhenmeter wird der Weg steiler, der Wald dichter. Immer wieder müssen sie umkehren, ein Stück zurück, weil es nicht weitergeht. »Gefühlt kamen wir nicht von der Stelle, das macht dich nicht nur körperlich, sondern auch mental kaputt.«

»Zu
Peak Performance
gehört auch,
seine Erfahrungen
und sein Wissen
weiter-
zugeben.«

Marcus Burghardt

Schweißgebadet kommen sie oben an und steigen in der Finsternis ab, das Ziel liegt tatsächlich im Tal hinter dem Berg.

Die Lage verschlimmert sich zusehends, Schönfelder spürt seinen »Zehfinger« vor Kälte nicht mehr (nach seinem Bahnunfall hat er sich einen Zeh als Ersatzfinger transplantieren lassen, um wieder greifen zu können), es bilden sich die ersten weißen Stellen. Nachdem sie Feuerholz gesammelt haben, um Wasser zum Kochen zu bringen, eine zusätzliche Challenge des ersten Tages, schlüpft er in seinen Schlafsack, um sich auszuruhen, fühlt sich »wie eine Mumie in einem Mumienschlafsack, meine Hand war so durchgefroren, dass ich den Reißverschluss nicht mehr selbständig schließen oder öffnen konnte«. Am nächsten Tag machen sich die beiden auf den Weg, um auch die zweite Etappe zu bezwingen, doch die Gedanken kreisen, will ich wirklich weitermachen, den Preis für einen Finger weniger kennt er nur zu gut. Im Ziel angekommen hält er Rücksprache mit dem medizinischen Team und entscheidet: Ende Gelände, ich ziehe die Reißleine, verkünde das Aus.

Diesmal lässt Schönfelder los, gibt auf, um sich selbst zu schützen.

CHRISTIAN »Für jemanden wie Schönfelder, der es gewohnt ist, immer wieder seinen inneren Schweinehund zu überwinden, muss dies eine äußerst bittere Entscheidung gewesen sein. Doch für ihn war in diesem Moment klar: Wenn er weitermachen würde, katapultiert er sich zurück in einen Zustand der völligen Hilflosigkeit. Ohne Finger kann er nicht mehr die alltäglichsten Dinge verrichten. Zähne putzen, sich anziehen, eine Gabel zum Mund führen. Er war sich dessen bewusst und nicht bereit, den vollen Preis zu bezahlen. Definitiv zu hoch.«

CHRISTOPHER »Ich habe größten Respekt vor Gerd Schönfelder. Bewusst mit Grenzen umgehen? Kaum jemand beherrscht das so gut wie er. Wenn ich selbst einmal in eine Lebenskrise rauschen würde, wäre er einer der Ersten, den ich anrufen würde. Einer meiner Grundsätze im Leben lautet: Du weißt nicht, wo deine Grenze ist. Also finde sie. Diese Potenzialgrenze ist für mich jedenfalls wie eine magische Zone, in der man sich selbst überraschen kann. Was wäre, wenn ich dieses oder jenes möglich machen kann? Ein unverwechselbares Gefühl! Aber ist es nicht so, dass viele Menschen bereits meilenweit vor ihren Grenzen stehenbleiben? Sie überschätzen tendenziell Risiken und lernen ihre Potenzialgrenzen so nie kennen. Das sind Scheingrenzen im Kopf. Für diese Menschen sind die Konsequenzen einer Grenzverschiebung de facto gar nicht so dramatisch. Sie verlieren nicht gleich einen Finger. Ihren Job oder ihre Familie. Vielleicht aber ihren Mut.«

MAGDALENA »Ich gebe dir prinzipiell recht, Christopher. Viele Menschen wissen nicht, welche Potenziale in ihnen schlummern, und sehen Grenzen, wo keine sind. Doch Grenzen, insbesondere Belastungsgrenzen, sind individuell. Meine Grenze ist nicht deine Grenze. Deshalb führt es oft nicht weiter, Menschen aufzufordern, sie sollen sich zusammenreißen, einen Ruck geben, nach vorne blicken. Ich möchte vielmehr die

Diskussion dorthin lenken, dass auch Peak Performer an ihr absolutes Limit stoßen können. Das haben viele nicht auf dem Schirm. Zum Beispiel: Burnout. Ein wichtiges Thema. Und Teil der modernen Berufs- und Arbeitswelt.«

Einer, der davon ein Lied singen kann, ist Alexander Penzkofer. Seinen ersten Zusammenbruch erlebt der Bauunternehmer 2007, genau am Abend seines zehnjährigen Firmenjubiläums. Alles ist perfekt vorbereitet, um die 500 Gäste gebührend zu empfangen. Jede seiner Baumaschinen blitzblank, bis auf eine. »Das hat mich total aus dem Konzept gebracht.« Penzkofer fängt an, zu hyperventilieren. Seine Mutter holt ihn ab, später bringt man ihn ins Krankenhaus, doch dort bleiben will er nicht. Er sagt zu den Ärzten: »Haut mir was rein, ich muss zurück, keine Zeit, mich hier ins Bett zu legen«, und entlässt sich auf eigene Verantwortung. Die Gäste sind schon da, warten auf die offizielle Begrüßung, doch Penzkofer merkt: keine Chance. Schweißgebadet drückt er seinem Vater seine Rede in die Hand und lässt sich nach Hause bringen. Er erholt sich ohne fremde Hilfe und macht weiter wie bisher.

Aus, vorbei.

2011 folgt der zweite Zusammenbruch. Alexander Penzkofer verlässt acht Wochen nicht das Haus und sucht sich schlussendlich einen Therapeuten. An eine Sitzung kann er sich besonders erinnern. Der Dialog: »Ich sperre jetzt meine Bude zu und fahre LKW!«, »Herr Penzkofer, was glauben Sie, heute fahren Sie Laster, in sechs Monaten haben Sie eine Spedition.« Da habe er verstanden, dass er nicht sein

Leben, sondern sein Verhalten ändern muss, »verstehen lernen, was mich immer wieder über die Grenze treibt.« Penzkofer drückt den Reset-Knopf, kämpft sich zurück ins Unternehmerleben und sieht heute seine Fußangeln schon aus der Ferne blitzen: Was bringt mich zu Fall, wie kann ich mich davor schützen?

Penzkofer hält jeden Tag Mittagsschlaf, »wenn ich am Vormittag eine Pause brauche, dann Vormittag, sonst am Nachmittag – und wenn das nicht reicht, sage ich Termine ab und gehe zwei Stunden golfen«. Hinterfragt sich, was seine Rolle im Unternehmen ist: Was schenkt Energie, was frisst Energie? Zieht eine zweite Führungsriege ein, lernt, Aufgaben zu delegieren, Verantwortung auf mehreren Schultern zu verteilen. Sagt Kunden klipp und klar, was er kann und was nicht, kein Rumgeeiere, keine Augenwischerei. Spricht offen über seine Tiefschläge, weil Reden vieles leichter macht und Vertrauen schafft. »Anfangs habe ich mich geschämt, heute weiß ich, dass es vielen ähnlich ergeht. Diese tiefgreifenden Grenzerfahrungen gehören zum Leben dazu. Im Austausch lassen sie sich leichter meistern.«

MAGDALENA »Penzkofer trifft den Punkt. Auch für mich ist Burnout kein Zeichen von Schwäche, es ist ein Zeichen, dass Körper und Geist jetzt weniger tun sollten. Die Grenze ist erreicht. Nach der Geburt meines zweiten Kindes habe ich schlimme Gesundheitsprobleme bekommen. Ich war körperlich komplett am Boden, konnte an manchen Tagen nicht mehr aufstehen, meine Energie war verbraucht. Ich wollte allen und jedem gerecht werden, bis meine Familie mir gesagt hat: ›Wenn du weiterhin deine Grenzen ignorierst, brichst du zusammen. Damit ist auch keinem geholfen‹.

»Ein Mensch, der aus
innerem Antrieb immer
weiter **eigene**
Grenzen verschiebt, trotz
Herausforderungen seine
kindliche Neugier nicht
verliert, die Fähigkeit besitzt,
Nein-Sager zu ignorieren
und ›Geht nicht‹-Rufe
als Ansporn nimmt –
das wäre für mich ein
Peak Performer.«

Bernhard Fragner

So wie ich Anja Blacha verstanden habe, geht sie auch deswegen nicht über ihre Grenzen hinaus, weil sie mit ihren eigenen Energieressourcen nachhaltig umgehen möchte, sie bezeichnet das als Bringschuld – sich selbst, aber auch dem Partner, der Familie, den Freunden, den Kollegen oder dem Arbeitgeber gegenüber. Blacha kennt die Signale ihres Körpers so gut, dass sie keine ›Wearables‹ braucht, um Herzfrequenz, Blutdruck, Kalorienverbrauch, Schlaf oder Stresspegel zu messen. Sie weiß immer, wie es ihr geht. Das ist schon beeindruckend – ich schätze, dass nicht viele Menschen noch diesen direkten Zugang zu sich selbst und ihrer Verfasstheit haben.«

Der Ablauf ist oft ähnlich: Burnout beginnt immer hoch engagiert. Super Projekt, super Job, super viel Spaß, super hohe Identifikation mit der Sache. Erste Frustrationserlebnisse am Horizont. Die Balance gerät in Schieflage. Der Weg zum Burnout läuft selten kontinuierlich. Dann das nächste Projekt, zeitgleich ist es privat anstrengend, schon dreht sich die Spirale weiter. Schließlich wird die Belastung zu groß. Man ist schnell genervt, verliert den Kontakt zu sich selbst. Irgendwann dominiert das Gefühl der Sinnlosigkeit, man fühlt sich gefangen im Hamsterrad.

Wer jetzt nicht die Notbremse ziehen kann, riskiert den möglichen Zusammenbruch.

Dennoch ist Burnout nicht überall transparent. Gerade in der Unternehmenswelt wird das Thema vielerorts unter den Teppich gekehrt.

Wir haben eine seltsame Situation: Einerseits kommt es über TikTok, Instagram & Co. seit geraumer Zeit zu einer Übertransparenz von Burnout. Mit Promis und Sportlern in der ersten Reihe. Andererseits ist es bei Managern und Führungskräften oft noch ein Tabuthema. Denn Führungskräfte müssen immer stark sein und die Richtung vorgeben. Keine Herausforderung ist zu groß, keine Angst, nirgends, um Hilfe bitten, bloß nicht. Jeder kämpft seinen Kampf für sich allein.

Auch deshalb erzählt Benedikt Böhm, wenn er als Vortragsredner vor Managern spricht, gerne von seiner Expedition im Nordosten Pakistans. Hören wir kurz rein: »2006 wollten wir nach einem Jahr intensiven Trainings den 8035 Meter hohen Gasherbrum II bewältigen. Vom Lager 1 aus mit Maximum an Speed. Rauf, runter, ohne Pause. Ich hatte großen Respekt vor der Abfahrt. Enorm steil. Noch nie zuvor bewältigt. Ein Fehler, und du bist weg. Im offenen Gespräch mit meinem Partner Sebastian Haag kam heraus, dass er sich eher vor dem Aufstieg scheut. Was uns zu der Erkenntnis führte: Angst ist relativ und individuell. Jeder hat seine eigenen Grenzen. In der Nacht zum 3. August starten wir durch. Ich gehe voran, nach zwölf Stunden stehen wir auf dem Gipfel. Dann übernimmt Basti die Führung, und wir erreichen nach einer vierstündigen und extrem waghalsigen Abfahrt unseren Ausgangspunkt. Wir haben uns perfekt ergänzt. Ich habe ihn hochgebracht, er mich runtergebracht.«

Jeder gab alles für das Leben und Überleben des anderen.

Böhm hat daraus das Konzept des situativen Führens abgeleitet. Sein Credo: Mache dir immer bewusst, welche Verantwortung du aufgrund deiner Kompetenz im Team übernehmen kannst. Wo liegen deine Stärken? Wo liegen deine Schwächen? In welchen Situationen kannst du die Führung übernehmen? In welchen Situationen reihst du dich besser in zweiter oder dritter Reihe ein? Kurz: Wo kann ich überproportional leisten, wo nicht?

»Wer hier ehrlich zu sich selbst ist, kann Talente zusammenführen, Mut multiplizieren und Grenzen mit vereinten Kräften überwinden! Positiver Teamspirit statt selbstzerstörerischen Einzelgängertums!«

Im Team kommunizieren bedeutet überdies, sich auf Augenhöhe zu begegnen. Der Coach Ulv Philipper ist überzeugt: Wenn wir aufeinander losgelassen werden, sind wir alle bedürfnisgleiche Wesen. Und der Schlüssel zu einem perfekten Team ist es, die Macken des anderen als persönliche Wachstumschance zu begreifen und somit die Autonomie jedes Einzelnen in den Vordergrund zu stellen. Dadurch verändert sich der Blickwinkel und es wird deutlich, dass gute Führung keine Belohnungen und Bestrafungen braucht. Wiederholen wir die Botschaft, weil sie so zentral ist:

Begreife die Macken der anderen als persönliche Wachstumschance – nicht als Grenze, gegen die du ankämpfst oder an der du schier verzweifelst.

CHRISTIAN »In unseren Townhalls, für die wir in unseren Unternehmensräumlichkeiten extra eine Tribüne gebaut haben, erlebe ich genau das. Unsere Firmenphilosophie lautet seit Tag 1: Professionalität und Gelassenheit. Dazu gehört, dass bei unseren regelmäßigen Treffen jeder jedem zuhört, unterschiedliche Meinungen akzeptiert, sich damit auseinandersetzt. Man kann nur dazulernen. Wer sich hingegen über den anderen erhöht und seine Grenzen missachtet oder gar überschreitet, verletzt die Autonomie des anderen. Es kommt zu Kommunikationsstörungen, die in ausgeprägter Form nicht mehr zu reparieren sind. Ich achte darauf, dass die persönlichen Grenzen von jedem geachtet werden. Nichtsdestotrotz ermuntere ich Mitarbeiter, ihre eigenen Grenzen auszutesten. In einer Atmosphäre des freien Austausches, ungezwungen und ohne Angst. Aus den Gesprächen mit den Sportlern ist bei mir hängengeblieben: motivieren, die Komfortzonen zu erweitern, auch gemeinsam. Anstatt einzufordern, die Komfortzone auf eigene Faust zu verlassen.«

MAGDALENA »Ja, das ist mir auch im Kopf geblieben. Komfortzone erweitern statt Komfortzone verlassen. Was mich noch interessieren würde: Wie sieht es mit Grenzen aus, die das Alter einem setzt, wie lassen sie sich nehmen? Für Leistungssportler, die sich sehr über ihre physische Leistungsfähigkeit definieren, sicherlich ein großes Thema, aber nicht nur für sie.«

Benedikt Böhm orientiert sich an seinem Vater, kein Sportler, Künstler, 96 Jahre alt. Er versteht das Leben nach wie vor als immerwährenden Lernprozess. Steht jeden Tag auf. Hält sich fit. Fordert sich heraus. Sucht Grenzen. Wägt ab. Und stellt sich die Frage: Was möchte ich noch erleben, was möchte ich noch bewirken?

»Natürlich bekomme ich mit, dass ich mit 40 körperlich nicht mehr so leistungsfähig bin wie mit 20. Diese physiologischen Grenzen wahrzunehmen tut weh. Klar. Und doch lerne ich zu verstehen, dass das Leben mit zunehmendem Alter nicht zwangsläufig an Intensität verlieren muss. Mein Leitsatz: ›Werde der, der du sein kannst‹, verliert nicht an Bedeutung, im Gegenteil.«

Die Entwicklungskurve hört nie auf.

Drehte sich bei ihm früher alles um Körper, Power, Gipfel, fragt sich Böhm heute zunehmend, was er mit seinen Aktionen bewirken kann. »Zurückgeben wird in meiner zweiten Lebenshälfte wichtiger als zu bekommen. Weil ich am Ende meiner 680 000 Lebensstunden, wenn ich sie denn schaffe, nicht bereuen möchte, meine Möglichkeiten nicht positiv genutzt zu haben.« Auch dafür muss man zumindest mental eine Hürde nehmen. Umschalten von »Das ist nicht mein Ding« zu »Das ist mein Ding«, ich trage Verantwortung.

Beispiel Margherita-Hütte in den Walliser Alpen, das höchste Notbiwak Europas. Spektakulär gelegen mit Blick ins Monte Rosa-Massiv. 2021 möchte sich Böhm dort für einen Skitourenwettkampf akklimatisieren, doch als er die Tür aufmacht, blick er auf Berge von Müll. Plastikflaschen, Essensreste, Bierdosen, alles wild verteilt auf Betten und Boden. »Das hat mich so frustriert, dass ich meinen Plan geändert habe. Statt Höhentraining Hütte putzen, so sauberlecken, dass es kracht.« Zwei Tage hat er damit verbracht, alles in riesige Müllsäcke zu packen und zur Bergstation zu schleifen. »Ich bin mir nicht sicher, ob ich vor 20, 25 Jahren das auch in diesem Ausmaß betrieben hätte, mein persönliches Ziel wäre mir vermutlich wichtiger gewesen.«

Kleiner Exkurs am Rande, was die Wissenschaft dazu sagt: Christian Stamov Roßnagel, Professor für Organisationsverhalten, hat herausgefunden: »Ältere kommen mit unerfreulichen sozialen Situationen besser zurecht. Sie können unangenehme Emotionen besser herunterregulieren. So gesehen sind sie auch für Stress weniger anfällig. Sie sind cooler als Jüngere.«

Im entwicklungspsychologischen Sinn, so Roßnagel weiter, fängt das Alter überhaupt erst mit Mitte 60 an.

Also dann, wenn die meisten Leute nicht mehr arbeiten. Selbst mit Mitte 70 zählt man noch zu den jungen Alten, und erst mit Mitte 80 zu den alten Alten. Die Betrachtung: »Oh, der wird jetzt älter, der baut schon ab«, führt nicht besonders weit.

Denn jeder hat Grenzen, die der andere nicht kennt.

CHRISTOPHER »Ich finde es erstaunlich, dass die eigenen Grenzen scheinbar mehr vom eigenen Denken als vom Lebensalter abhängen. Die US-amerikanische Psychologin Carol Dweck forschte genau zu diesem Thema und fand heraus, dass es zwei Formen von Mindset gibt: ein grenzenorientiertes sogenanntes Fixed Mindset und ein wachstumsorientiertes sogenanntes Growth Mindset. Während Menschen mit einem Fixed Mindset davon ausgehen, dass alles vorbestimmt ist und Erfolg vor allem aus angeborener Begabung resultiert, glauben Menschen mit einem Growth Mindset, dass sie aus eigenen Stücken

»Wir brauchen Peak Performer, weil sie uns als Beispiel dienen, wie man sein Potenzial entfalten und Hindernisse überwinden kann, ohne seine Wertebasis aus dem Blick zu verlieren. Echte Höchstleistung geht mit Integrität, Empathie und Verantwortungsbewusstsein **Hand in Hand**.«

Jochen Freier

weiterkommen können. Sie sehen Schwierigkeiten eher als Chance zur Weiterentwicklung.
Können wir aus all dem eine Conclusio ziehen? Wie stehen wir zu Grenzen und wie stehen wir zu Leistung – beides ist offenbar eng miteinander verknüpft. Grenzen überwinden, um ein neues Leistungslevel zu erreichen. Aber auch Grenzen akzeptieren, um seine Leistungsfähigkeit nicht einzubüßen.«

MAGDALENA »Ich denke, schon. Unsere Botschaft ist klar.«

Du kannst dein Leben meistern. Aus eigener Kraft. Und dafür musst du nicht partout jede Grenze überschreiten. Aber genau lernen, trainieren und wissen, wann du es tun willst. Und wann nicht.

Spitzenleistung verstehen wir nicht als Elitebegriff, sondern wir rücken den Spaß an der Leistung spielerisch in den Blickpunkt. Ganz im Sinne des griechischen Philosophen Aristoteles mit seinem Ausspruch »Freude an der Arbeit lässt das Werk trefflich geraten«. Und in der Überzeugung, dass jede und jeder ihre beziehungsweise seine ganz persönliche Spitzenleistung finden kann. Der freie Mensch freut sich auf das, was er geschaffen hat und noch schaffen wird. Oder mit Wolf Lotter gesprochen: Statt Normerfüllung bedeutet Leistung heute, originelle, unverwechselbare Lösungen zu kreieren. Der Publizist appelliert, die damit verbundene Anstrengung auf sich zu nehmen. Denn: »Wo keine Anstrengung ist, ist keine Zukunft.«

Und wo keine Arbeitsfreude ist, ist keine gute Leistung.

CHRISTIAN »Wenn ich mir meine Mitarbeiter anschaue, würde ich sagen, dass 50 Prozent durchaus bereit sind, sich zu challengen. Grenzen zu überwinden und sich dadurch persönlich weiterzuentwickeln hat für sie einen Reiz. Die anderen 50 Prozent sind eher vorsichtig, setzen auf Sicherheit und Status quo, wollen sich ausschließlich im sicheren Rahmen bewegen, für den sie sich per Arbeitsvertrag committet haben. Ob dieses Verhältnis auch für andere Unternehmen gilt, sei dahingestellt. Mein Punkt ist: Beides muss okay sein. Weniger leisten, aber auch mehr leisten. Gerade in Hinblick auf die großen Probleme unserer Zeit, die es zu lösen gilt. Nicht durch Scheinlösungen, sondern tatsächliche Transformation, grenzüberschreitendes Nachdenken.
Aber auch weil Leistung, wenn man nicht übertreibt und die eigenen Grenzen nicht komplett aus den Augen verliert, Spaß macht, etwas Schönes ist. Quasi das Salz in der Suppe des Lebens, in der man seine Bahnen zieht.«

Leistungskrise: Oben steht, wer Niederlagen als Lernorte begreift oder warum uns kein Tief nachhaltig umhaut

Kapitel 3

Januar 2010. Die Nachricht schlägt ein wie eine Bombe: Bundestrainer Heiner Brand streicht Weltmeister Dominik Klein aus dem Kader. Was bedeutet: keine Handball-Europameisterschaft in Österreich für ihn. »Das war keine leichte Entscheidung«, erklärt Brand gegenüber der Presse, »aber das lässt sich im Leistungssport nicht vermeiden.« Im Gegensatz zu anderen Spielern, die derzeit deutlich im Aufwärtstrend lägen, »findet Klein – trotz 100-prozentiger Leistungsbereitschaft – einfach nicht zu seiner Form«. Für Klein »sehr bitter«. Bislang zeigte der Weg für den Nationalspieler nur nach oben. EM 2006, WM 2007, Olympia 2008, WM 2009.

Doch er ist Profi genug, die Entscheidung zu akzeptieren. Die Saison Sommer 2009 bis Januar 2010 war tatsächlich nicht seine Saison. »Im Grunde habe ich es kommen sehen. Mehrfach wurde mir gesagt, dass es bei mir wohl nicht so läuft.« Doch den Ratschlag, sich einen externen Coach zu suchen, schlägt er in den Wind. »Wir Männer haben doch immer das Gefühl, die Größten, die Stärksten, die Geilsten zu sein, einen Coach, nee, brauche ich nicht!«

Ein Tag nach der Nichtnominierung die Kehrtwende. Klein erlebt »einen Moment der Selbstreflektion«, wie er heute sagt, und fragt seinen Manager nach der Telefonnummer des Coaches. »Ich rufe ihn jetzt an.« An das erste Treffen mit Jürgen Boss kann er sich im Detail erinnern. Noch immer ein Gänsehautmoment. »Er traktiert mich mit der Frage, wie sich mein innerer guter Zustand anfühlt, immer und immer wieder, bis ich irgendwann aufspringe, den Stuhl nach hinten schmeiße, mich vor ihm aufbaue und fast schon schreie: ›Wenn ich in der Abwehr stehe, dann bin ich sowas von bereit, ich geh in die Hocke, spüre das Feuer, wie es in meinen Oberschenkeln brennt, hier, genau hier, und weiß: In der Abwehr, da muss ich nicht wie im Angriff auf einen Pass von meinen Mitspielern warten, ich kann selbst entscheiden, was zu machen ist.‹ Mit seinen nervigen Fragen hat Jürgen Boss in mir ein Gefühl zum Leben erweckt, das ich in dieser Intensität lange nicht mehr gespürt hatte. Ich wusste wieder, was Handball für mich ausmacht.«

In den folgenden acht Jahren kommuniziert Klein vor jedem Spiel mit seinem Performance-Coach, wie er ihn bezeichnet.

Manchmal per Telefon, zwei, drei Minuten, manchmal per Sprachnachricht. Spielerkollegen wundern sich darüber, fragen ihn, ob er einen an der Waffel hat. »Doch für mich war es das Beste, so jemanden an meiner Seite zu haben. Um mir zu vergegenwärtigen, warum ich das Ganze eigentlich mache. Und um mich besser kennenzulernen, wie kann ich mich mit meinem inneren guten Zustand verbinden, ihn auch in schwierigen Momenten abrufen?«

Die Arbeit mit Boss hilft Klein nicht nur über die Nichtnominierung 2010 hinweg, rückblickend seine größte Niederlage, sondern auch kleinere Krisen zu bewältigen. 2015, als das Leistungsniveau seiner Karriere sich konstant hoch eingespielt hatte, riss das Kreuzband. »In der Nacht vor der OP hatte ich Schweißausbrüche und Schüttelfrost, war komplett am Ende. Doch direkt danach konnte ich den Schalter wieder umlegen und den Restart-Button drücken. Das Ziel war ganz klar: #comebackstronger!« Nur acht Monate später ist der Handballprofi zurück auf der Platte und wirft sieben Sekunden vor Schluss seines THW Kiel gegen KC Veszprém das entscheidende Siegertor: 25:24. »Comeback-Märchen« titelt die Presse, besser geht nicht.

»Peak Performer ist,
wer berufliche,
unternehmerische,
sportliche oder familiäre
Höchstleistungen erbringt
und gleichzeitig **soziale
Verantwortung**
für gesellschaftlich
benachteiligte Menschen
übernimmt.«

Thomas Groß

CHRISTOPHER »Ich sage dazu positive emotionale Programmierung. Ein supermächtiges Tool und passt zu einem der bekanntesten Sätze von Walt Disney: ›If you can dream it, you can do it.‹ Wir Deutschen belächeln diese Aussage gerne, träumen passt nicht ins Bild eines harten Top-Performer. Aber ich würde ›to dream‹ auch eher mit ›vorstellen‹, ›visualisieren‹, ›spüren‹ übersetzen. Ich bin überzeugt, es hat einen positiven Einfluss, wenn ein Schüler sich am Abend vor einer Schulaufgabe vorstellt, wie er locker von Aufgabe zu Aufgabe geht und nach 45 Minuten bester Dinge das Blatt beim Lehrer abgibt. Oder ein Bewerber visualisiert, wie er den potenziellen Arbeitgeber von sich überzeugt und am Ende des Gesprächs mit einer Zusage das Gebäude verlässt. Weil der Schüler und der Bewerber positiv aufgeladen in die Situation reingehen. Anstatt voller Zweifel.«

MAGDALENA »Da bekomme ich sofort einen Flashback. Olympische Spiele, Vancouver 2010, Massenstart Damen. Für mich der wichtigste Start der Spiele. Am Abend zuvor habe ich mir das Rennen visualisiert. Jedes Detail. Wie fühlt es sich an, an der Startlinie zu stehen? Wie fühlt es sich an, die Konkurrenz zu sehen? Wie fühlt es sich an, am Schießstand das Gewehr anzulegen? Wie fühlt es sich an, als Olympiasiegerin über die Ziellinie zu laufen? Wie fühlt es sich an, den Jubel der Zuschauer entgegenzunehmen? Die krasse Erfahrung: Mein Rennen entsprach eins zu eins meiner Vorstellung. Zaghafter Start, lange im Mittelfeld, dann null Fehler im Schießen, Überholmanöver, Gold. Seitdem weiß ich, dass man doch seines Glückes Schmied ist und nach einem Tief zu seiner Bestform zurückfinden kann.«

CHRISTIAN »Tief? Was meinst du damit?«

MAGDALENA »2009 war mein Durchhängerjahr, in dem ich quasi keinen Titel geholt habe, ziemlich ungewöhnlich für mich. Mein Mentaltrainer hat mich gefragt, warum es meiner Meinung nach nicht läuft und ob ich überhaupt gewinnen will. Ich fand das ganz schön frech, aber er hat ins Schwarze getroffen. Ich wollte keine Erfolge erzielen, weil ich von dem ganzen Drumherum erschöpft war, all den Interviews, all den Fragen, all dem Herumgereiche. Der Coach hat mir klar gemacht, dass ich nicht gewinnen kann, wenn ich nicht gewinnen will. Potenzial hin oder her. Um aus meinem Tief herauszukommen und bei Olympia Gold zu holen – das wollte ich schon –, musste ich wieder Zugang zu meiner inneren Kraft finden. Oder wie Klein sagt: meinem Feuer.«

Womit wir beim Kern des Themas angelangt sind. Fehler, Niederlagen, Krisen – Teil der Normalität menschlichen Daseins und doch oftmals nur schwer zu handhaben.

Versuchen wir uns also anzunähern: Wie schaffen es Peak Performer, sich aufzuraffen und negativen Erfahrungen etwas Positives abzugewinnen, was können wir von ihnen lernen?

»Ein Peak
Performer setzt
alles daran,
seine Ziele zu
erreichen. Er trägt
für sein **Handeln**
zu hundert Prozent
Verantwortung.«

Oliver Gruber

Wichtigste Lektion: Ohne Fehler, Niederlagen und Krisen keine Weiterentwicklung. Sie sind der Ausgangspunkt für das nächste Level und haben mit Scheitern nichts gemein.

O-Ton Benedikt Böhm: »Ich bin bei meinen Expeditionen oft genug auf die Schnauze gefallen. Doch ohne Scheitern an den 5000ern und 6000ern hätte ich meine großen Erfolge an den 8000ern nicht erreichen können. Man macht Fehler auf seinem Weg zum Ziel. Weil man nicht die körperlichen Voraussetzungen mitbringt. Weil man nicht über die mentale Stärke verfügt. Weil man dieses oder jenes nicht bedacht hat. Doch Fehler und die Analyse von Fehlern helfen einem, stärker, fokussierter, vorbereiteter an den nächsten Start zu gehen und besser zu performen als beim letzten Mal. Zumal der Mensch zu 80 Prozent durch das Tun lernt. Ganz plakativ: Die Todeszone lässt sich nicht theoretisch erfahren, man muss sich ihr stellen. Wobei wir mit den Begriffen vorsichtig sein müssen, das muss auch ich mir immer wieder sagen. Eine Tour abbrechen oder kurz vor dem Gipfel umkehren sind kein Scheitern. In meiner Welt ist es Teil einer Überlebensstrategie. Scheitern ist, wenn einer von uns ums Leben kommt.«

Bernhard Fragner kann dem nur zustimmen. In seinem Leben hat er diverse Krisen durchlaufen. Die letzte vor drei Jahren.

März 2020. Die Regierung ruft angesichts der Corona-Pandemie den Lockdown aus. Grenzen werden dichtgemacht, der Flugverkehr kommt zum Erliegen. Für Fragner, CEO und Founder von GlobeAir, der Super-GAU. Die Fixkosten seiner österreichischen Charterfluggesellschaft belaufen sich auf drei Millionen Euro, Monat für Monat. Nachts liegt

»Ein Peak Performer ist für mich jemand, der immer das gibt, was **im jeweiligen Moment** bestmöglich ist. So entsteht etwas Besonderes, das jeden Einzelnen und die Gemeinschaft voranbringt und zum Erfolg führt. Ganz egal, wie wir Erfolg oder unsere eigenen Ziele definieren.«

Michael Haas

er schweißgebadet im Bett. Sein Kopf rattert. »16 Jahre nur investiert. Das soll es nun gewesen sein?« Eines Morgens wacht er mit einem Zahn weniger auf, ausgebissen, der innere Druck zu hoch. Fragner zieht die Reißleine und fährt mit seiner Familie in die Berge. Abstand gewinnen. Durchatmen. Gedanken sortieren. Seine Form von Krisenbewältigung, hat bisher immer funktioniert.

Einer seiner führenden Mitarbeiter ruft an, unterbreitet ihm eine Idee: »Bernhard, die Grenzen sind geschlossen, aber nicht die Länder. Wir können immer noch von Paris nach Marseille, von London nach Glasgow fliegen.« Wickie-Moment. Einfach nur brillant. Genauso machen wir es. Tags darauf trommelt Fragner alle Mitarbeiter zusammen und unterbreitet ihnen seinen Plan. Systemwechsel, gesamter Fokus auf Inlandsflüge. Fortan gibt es jeden Vormittag ein Zoom-Meeting für alle, von den Flugzeugreinigern bis zu den Piloten. Um den Status quo zu besprechen, den nächsten, den übernächsten Schritt. Um Bedenken und Emotionen zu teilen. Um Optimismus zu verbreiten. Wir schaffen das. Seine Mitarbeitenden vertrauen und folgen ihm – sie konnten sich schon immer auf ihn verlassen, wenn er A sagt, meint er A –, nehmen selbst Umzüge von Österreich nach Deutschland, Frankreich oder Großbritannien in Kauf. Zuerst geht es ums Überleben, dann einen Raum für neue Höchstleistung auszugestalten.

Es gibt immer Optionen. Nur die Decke über den Kopf ziehen und liegenbleiben ist keine. Das wäre tatenlos dem Ende entgegensehen. Nicht lernen wollen. Nicht verändern wollen. Aufgeben. Scheitern.

CHRISTOPHER »Wir verwenden den Begriff des Scheiterns inflationär. Wer vom Gymnasium auf die Realschule wechselt, gilt als gescheitert. Wer eine Karriere im Investmentbanking aufgibt, um etwas Sinnvolleres zu machen, gilt als gescheitert. Wer sein Start-up zusperrt, weil das Businessmodell nicht aufgeht, gilt als gescheitert. Dabei ist doch der entscheidende Punkt, wie der Mensch selbst zu seiner Entscheidung steht und was danach kommt. Ist sie der Auftakt zu einem freudvollen, ambitionierten Neustart? Oder zu einem resignierten, entmutigten Rückzug?«

Kleiner Exkurs: Der Organisationsberater Lars Burmeister sagt zur Unterscheidung von Scheitern und Fehlern: »Scheitern ist grundsätzlicher. Das Wort geht auf den altgermanischen Begriff für ›gespaltenes Holzstück‹ zurück. Aus dem althochdeutschen *scit* wurde *Scheit*, eine Pluralform davon war: Scheitern. Das Verb scheitern hieß nichts anders als in Stücke gehen, zerschellen, irreparabel entzweigehen, wie die Teile eines gespaltenen Holzes. Im Laufe der Zeit bekam die Vokabel die Bedeutung von erfolglos aufgeben müssen.«

Noch älter als das Verb sei die Bezeichnung »Scheiterhaufen«, der aus einem Stapel von Holzscheiten besteht. Und wenn Seefahrer von einem »gescheiterten Schiff« – im Gegensatz zu einem gestrandeten – sprechen, ist von dem Schiff nicht mehr viel übrig.

Scheitern, so Burmeister, sei ein hartes Wort, das im Gegensatz zum Fehler hinweise, dass die Lösung für ein Problem nicht mehr auf der Ebene des Problems gefunden werden kann, sondern nur außerhalb.

CHRISTOPHER »Das führt mich zu einem anderen Zitat, diesmal von Marshall Goldsmith: ›What got you here, won't get you there.‹ Man kann nicht dauerhaft an vermeintlich erfolgreichen Strategien festhalten. Nicht, wenn es gut läuft, schon gar nicht, wenn es schlecht läuft. Ich sehe das bei Weltmarktführern, die in der zweiten, dritten oder vierten Generation sind. Sie folgen häufig einem langfristigen Zukunftsbild, der Vision, als Nordstern. Und sie bleiben ihrer Identität treu, die sie klar definiert haben, und dieser DNA immer wieder aufs Neue nacheifern. Aber die Unternehmens- und Markenstrategie passt sich der Situation an. Das Gleiche gilt für uns als Personen. Geht eine Tür zu, muss ich Ausschau nach einer anderen Tür halten. Das setzt Vertrauen voraus: Ich werde eine andere Tür finden. Und eisernen Willen: Ich werde durch die andere Tür durchgehen. Aus meiner Sicht geben Peak Performer nicht auf, weil sie das Gewinnen verinnerlicht haben. Es ist alternativlos. Es ist der Zweck ihres Daseins.«

Der Trainer des Heidenheimer Bundesliga-Aufstiegsvereins Frank Schmidt sagt es noch deutlicher: »Wir wollen uns immer der Höchstleistung nähern, immer im Grenzbereich performen. Dass wir die meisten Kilometer pro Spiel laufen, dass wir die meisten Sprints anziehen, dass wir an jedem Spieltag überdurchschnittlich viel laufen, das erfüllt keinen Selbstzweck, das entspricht unserer Vereins-DNA, das macht uns aus, so spielen wir Fußball.« Die Essenz: »Jeder Einzelne muss alles dafür tun und vermeiden, dass ein anderer gewinnt.« Da ist er wieder, der Link zur Peak Performance. Der unbändige Wille, den einen Schritt voraus zu sein. Am Boden bleiben die anderen liegen. Wobei das eigene Liegenbleiben nicht zwangsläufig den Untergang bedeuten muss. Haltung und Mindset entscheiden.

2013, Champions-League-Finale im Londoner Wembley-Stadion. Bayern gegen Dortmund. Sven Bender scheitert mit seiner Mannschaft auf tragische Weise. Tränen in den Augen, die Borussen verlieren knapp. In der Kabine ist es zunächst still, keiner sagt was. Doch sie sehen sofort, alle haben alles aus sich herausgequetscht. Die Haltung sage alles. Bist du traurig, kannst aber den anderen selbstbewusst in die Augen schauen? Oder bist du traurig, meidest jeden Blickkontakt? Je nachdem unterscheidet sich für Sven die Strategie, wie man mit so einer Niederlage umgeht, in einem entscheidenden Punkt. Im ersten Fall zollt man dem Gegner Respekt für seine Leistung, klopft seinen Kollegen auf die Schultern, geht mit erhobenem Haupt aus der Kabine und blickt nach vorne. Im zweiten Fall zollt man dem Gegner Respekt, klopft seinen Kollegen auf die Schultern, gibt sich selbst beim Verlassen der Kabine das Versprechen, sich nie wieder so elend fühlen zu wollen, und blickt nach vorne. Sven Bender:

»Eine Niederlage schmerzt, aber viel mehr tut das Wissen weh, nicht alles gegeben zu haben.«

Für seinen Bruder bringt es Bud Spencer perfekt auf den Punkt. In seiner Biografie schreibt das Allround-Talent dem Sinn nach: Scheiß drauf! Du kannst Dinge nicht zurückdrehen, also hör auf zu jammern. Denke und lebe vorwärts. Alles andere macht das Gewicht auf deinen Schultern nur unnötig schwer. Irgendwann brichst du unter der Last zusammen.

»Ein Peak Performer strebt danach, sich selbst oder andere in ihrer Entwicklung zu fördern. Dabei geht es ihm um die wahre Freude am Tun und nicht um das blanke Ergebnis. Er testet Grenzen aus und versucht sie zu verschieben. Er geht neue Wege und hinterlässt dadurch **Spuren**, die die Welt ein kleines bisschen besser machen.

Christian Hasler

MAGDALENA: »Passt zu meinem Motto: Hinfallen, aufstehen, sich sortieren und weitermachen. Und erinnert mich an einen meiner größten Tiefpunkte. Ebenfalls Vancouver 2010, als ich mit meiner ersten Medaille erschöpft und einsam in meinem kargen Zimmer hockte. Um mich auf die kommenden Wettkämpfe mental vorzubereiten, waren drei Dinge besonders wichtig: Den Zugang zu meinem inneren guten Zustand zu haben. Zu wissen, dass meine Eltern ebenfalls vor Ort sind; wenn alles brennt, sind sie zumindest in der Nähe. Und mir zu vergegenwärtigen, dass ich mehr als mein sportlicher Erfolg bin. Ich als Mensch bin wertvoll. So wie ich bin.«

CHRISTOPHER: »Da muss ich sofort an Irland denken. Während meines Studiums arbeitete ich drei Monate bei einer Irish Dancing Show. Ich habe dort viele Freunde gewonnen, die ich daraufhin jedes Jahr besuchte, so auch 2009. Wir tauschten uns aus, ich erzählte von meinen beruflichen Erfolgen, und irgendwann landeten wir in einem Irish Pub. An der Bar, ich spüre es noch heute, legte mir Ted, ein Musiker der Show, von hinten seine Hand auf meine Schulter und sagte: ›Just to let you know, Chris, we don't love you because of your job.‹ Das hat gesessen. Diesen Moment habe ich gebraucht. Durch meine ›Irish Family‹ habe ich gelernt, dass beruflicher Erfolg nicht alles ist – lange bevor ich eine eigene Family gründete.«

Für Sven Bender war die Geburt seiner Kinder ein wichtiger Entwicklungsmoment. Er hat zum einen gemerkt: Es gibt noch andere Sachen im Leben, nicht nur den Sport. Zum anderen war da plötzlich ein kleines Wesen, das ihn so liebt, wie er ist, unabhängig davon, ob er nach einem Spiel als Gewinner oder Verlierer nach Hause kommt. Das habe ihm geholfen, nach einer Niederlage noch schneller nach vorne zu blicken. Und bei gleicher Leistung weniger verbissen auf dem Feld zu stehen.

Wir wollen in diesem Kapitel aber noch gerne expliziter über »Fehlerkultur« sprechen. Der Wirtschaftspsychologe und Fehlerforscher Michael Frese diagnostiziert: Fehler sind in Deutschland unerwünscht und werden auch unnachsichtig geahndet. Statt einen Lerneffekt aus Fehlern anzuregen, wird das Strafmaß skaliert. Woran liegt das?

CHRISTIAN »Ich führe es auf unsere Erziehung zurück. Zumindest, wenn ich mich an meine Kindheit zurückdenke. Fehler wurden vertuscht, vor den Eltern und Lehrern geheim gehalten. Gab nur Ärger. Bei den jüngeren Generationen bemerke ich diesbezüglich einen Wandel, sie haben ein etwas entspannteres Verhältnis zu Fehlern. Diese positive Entwicklung gilt es gesellschaftlich zu verstärken. Auch vonseiten der Regulatorik. Wenn jemand in eine Insolvenz rutscht, privat oder beruflich, ist er oder sie erstmal für mehrere Jahre handlungsunfähig gestellt. Da brauchen wir uns nicht zu wundern, dass unsere Existenzgründerszene nicht wächst. Es fehlt der Anreiz, mutig zu sein, etwas zu riskieren.«

MAGDALENA »Wie war das bei dir?«

CHRISTIAN »Weder meine Eltern noch meine Freunde, Partnerin oder Bekannte aus dem beruflichen Umfeld haben mich bestärkt. Es hieß immer nur: Warum tust du dir das an? Zu viel Risiko. Zu viel Stress. Keine Sicherheit. Letztlich habe ich es meinem Dickschädel, meiner Neugier, meinem Willen, meiner Besessenheit zu verdanken, dass ich diesen Weg eingeschlagen und ihm treu geblieben bin. Für mich gab es keine Alternativroute, keinen Plan B, ich wusste, dass ich es schaffe. Dass es mein Unternehmen heute noch gibt und über die Jahre hinweg kontinuierlich wachsen konnte, liegt an unserer Bereitschaft, sich immer wieder zu hinterfragen, in Austausch zu gehen, sich ständig neuen Bedürfnissen anzupassen – vonseiten der Kunden, aber auch vonseiten der Mitarbeitenden.«

Das tägliche Ringen, am Markt zu bestehen und mit den Bedürfnissen der Kunden zu wachsen, erfordert eine gnadenlose Selbstbewusstheit über den Zustand der Organisation.

Fehler nicht ausblenden, sondern einblenden.

Einer, der das genauso lebt, ist Bernard Krone.

Bernard Krone ist Ende 20, lebt das stressige Leben eines Unternehmensberaters mit 18-Stunden-Tagen und pro Jahr 80 000 Kilometern auf dem Tachometer, als eines Tages das Handy klingelt. Sein Vater ist dran und sagt: »Schluss mit Lotterleben, jetzt ist es so weit, wir brauchen dich im Familienbetrieb, wir haben ein Qualitätsproblem und müssen das in den Griff bekommen!« Daraufhin sitzt Krone jeden Montag in Projektmeetings und hört sich die Ergebnisse der Field Studies von internen und externen Experten an. Die unzähligen Interviews, die dafür mit Kunden weltweit geführt wurden, ergeben ein eindeutiges Bild: Das Image ist gut, der Service ist bestens, die Leute sind nett, doch die Landmaschinen halten nicht lange genug.

Ein Kunde aus Amerika sagt zu dem Material, aus dem die Feldhäcksler, Ballenwickler und Kreiselschwader gefertigt sind: »Makes the impression of beer can steel.« »Wir haben dann eine Qualitätsoffensive gestartet, alle Leichen aus dem Keller geholt, über Monate Linien angehalten, uns bei unseren Kunden entschuldigt, neue Maschinen verkauft, alte Maschinen zurückgenommen, den Krone Agropark für Gebrauchtmaschinen aufgebaut, und, und, und.« Sich der Kritik seiner Kunden zu stellen ist nicht einfach, sagt Krone. »Montagabend freut man sich schon aufs Wochenende, und die Maßnahmen, die man ergreift, machen erst einmal alles nur schlimmer, wie bei jedem Change-Prozess. Doch mit der Zeit bekommst du die Kurve. Unser Erfolg von heute basiert auf dem Fehlermanagement von vor 16 Jahren. Und dass wir nach wie vor mit Fehlern, Beschwerden und Reklamationen offen umgehen. Sie gehören zum unternehmerischen Alltag und machen dein Business besser.«

Am Ende ist entscheidend, dass die Summe der richtigen Entscheidungen die Summe der falschen Entscheidungen übertrifft.

Sprung. Neues Thema. Zum Abschluss. »Ängste«. Eng verknüpft und doch tiefer gehend. Die Angst, Entscheidungen zu treffen, auszuhalten und mit ihnen weiterzumachen. Aber vor allem auch, mit unkalkulierbaren Risiken umzugehen und leben zu lernen.

CHRISTOPHER »Am eindrücklichsten ist da natürlich das Erlebnis von Sven Bender.«

Am Abend des 11. April 2017 setzt sich der Mannschaftsbus von Borussia Dortmund in Richtung Signal Iduna Park in Bewegung. Die Schwarz-Gelben sind bester Dinge. Gleich treffen sie im Champions-League-Viertelfinale auf den AS Monaco, ein spannendes Duell. Doch plötzlich ein lauter Knall, in unmittelbarer Nähe des Mannschaftsbusses gehen drei Sprengsätze hoch. Fensterscheiben bersten. Panik bricht aus. Niemand weiß, was noch passiert. Kommen gleich Leute rein und erschießen uns? Mehrere Bekennerschreiben gehen bei der Polizei ein. Ist es ein islamistischer Anschlag? Steckt die rechtsextreme Szene dahinter? Am Ende stellt sich heraus: Es ist die Tat eines Einzelnen, der Kasse machen wollte.

Sven Bender kann sich an jedes Detail erinnern. Er saß im Bus auf der rechten Seite, ziemlich in der Mitte, »ich habe direkt gesehen, wie die Sprengsätze hochgehen«. Rückblickend fragt er sich, ob sie nicht zu schnell zur Tagesordnung zurückgekehrt sind. Am nächsten Tag stand die Mannschaft schon wieder auf dem Platz, um zu spielen. »So ein Ereignis steckt einem schon in den Knochen. Trotzdem ist es natürlich wichtig, das Positive zu sehen. Dankbar zu sein, dass es gut ausgegangen ist. Und sich nicht zu lange damit aufzuhalten, was alles hätte passieren können.«

Ermittlungen zeigten: Die drei Bomben mit den darin enthaltenen Bolzen haben nur deshalb keinen noch größeren Schaden angerichtet, weil sie mehr verpufften als explodierten.

CHRISTOPHER »Das ist im Grunde auch das, was Anja Blacha erzählt. In Nordkanada ist das Risiko für einen Bombenanschlag ziemlich gering. Aber Eisbären stellen eine Gefahr dar. Du kannst zuvor Schießtraining absolvieren, ein Gewehr griffbereit auf dem Schlitten mitführen, einen Alarmzaun um dein Zelt aufbauen. Doch letztlich weißt du nie, ob und wann der Bär deinen Weg kreuzt. Siehst du ihn tagsüber schon von weitem und kannst dich vorbereiten? Oder kommt er nachts, wenn du in deinem Zelt liegst und kaum Handlungsoptionen hast? Blacha lässt sich nicht aus der Ruhe bringen. Auf unsere Frage, ob sie bei ihren mehrwöchigen Expeditionen trotzdem gut geschlafen hat, kam die Antwort: ›Klar‹.«

Hören wir ihr selbst zu:

»Angst ist ein wichtiger Urinstinkt, ohne den wir viele dumme Dinge machen würden. Dennoch bin ich kein Freund des Angstbegriffs und nenne es lieber Respekt. Das macht einen Unterschied. Angst lässt dich verkrampfen, Respekt schärft deine Aufmerksamkeit. Mein Naturell kommt mir da entgegen. Ich bin zu einem hohen Prozentsatz rational, suche für jedes Problem einen Lösungsansatz. Im Vorfeld, lange bevor ich überhaupt in eine potenziell gefährliche Situation komme. Doch auch hier muss man irgendwann einen Punkt setzen und sich sagen: Totale Kontrolle gibt es nicht. Genauso wenig wie

»Peak Performance bedeutet, **bewusst** Entscheidungen zu treffen, **konsequent** dahinter zu stehen und sich nicht von möglichen negativen Ergebnissen unterkriegen zu lassen.«

Georg Holthausen

totale Gewissheit. Nur weil die Sonne bislang jeden Morgen aufgegangen ist, heißt das nicht, dass sie auch morgen und übermorgen aufgehen wird. Man muss für sich eine gute Balance finden zwischen ›Ich muss alles kontrollieren‹ und ›Ich kann sowieso nichts kontrollieren‹, sonst ist man lebensunfähig.«

Einer, der sich intensiv mit dem Thema »Angst« auseinandersetzt, ist Benedikt Böhm. Im Vorfeld seiner extremen Expeditionen arbeitet er mit sogenannten »Angstkarten«. Darauf skizziert er den Berg und die Routen, vermerkt die Stellen, an denen er sich unwohl fühlt. »Dadurch wird mir klarer, was ich noch besser trainieren muss, Trittsicherheit, Bewegungsabläufe. Tatsächlich ist die Angst vor etwas meist viel größer als die Angst, die wir in der Situation selbst verspüren. Das hat oft zur Folge, dass wir uns diesen Situationen gar nicht erst nähern. Die Angst stellt sich zwischen uns und unseren Lebensträumen. Wir bleiben hinter unseren Potenzialen zurück.«

> **MAGDALENA** »Eine gute Methode. Auch bei mir bauen sich manchmal Ängste wie eine Wand oder ein dichter Nebel auf. Mal niedriger, mal höher, mal schmaler, mal breiter, mal dunkel, grau und schwer. Ich versuche mir dann vorzustellen, diese Wand zu überwinden oder durch den Nebel oder eben diese Angst hindurchzugehen, so lange, bis es sich besser anfühlt. Bis ich das Gefühl habe, hinter dem Nebel oder der Wand wird es wieder hell und leicht. Natürlich habe ich das immer und immer wieder geübt, bis das gut funktioniert hat. Mittlerweile gehört das für mich zu meinen Standardtools.«

CHRISTIAN »Auch für mich gehören Ängste zum Leben dazu. Sie begleiten mich, und im Grunde steckt in dem Wort ›begleiten‹ alles drin. Du musst dich mit Ängsten auseinandersetzen, ihnen auf Augenhöhe begegnen – was haben sie dir zu erzählen, auf was weisen sie dich hin –, und wenn sie zu viel Raum einnehmen, sie in ihre Schranken weisen. Natürlich hat das auch etwas mit Erfahrung und Alter zu tun. Die Corona-Krise hat mich wenig verunsichert, vermutlich weil ich 2008, 2009 die Finanzkrise miterlebt habe. Ich wusste, dass ich schwierige Situationen meistern kann. Wichtig ist, sich diese Erfahrung aktiv hervorzuholen, welche Tiefschläge man in seinem Leben schon erfolgreich abgewehrt hat, sei es beruflich oder privat. Das schenkt Vertrauen, gibt Sicherheit.
Ich denke aber, dass wir auch in puncto Ängste zu mehr Offenheit und Austausch kommen müssen. Vieles ist unkalkulierbarer geworden, und wir sitzen in ein- und demselben Boot. Energiekrise, Klimawandel, Krieg in Europa, Ringkampf um die Weltordnung, künstliche Intelligenz. Die Liste ist lang. Insofern ist die Strategie, die wir von den Peak Performer lernen können, eine Strategie, der wir uns alle gemeinsam verschreiben müssten: Hinsetzen. Analysieren. Route festlegen. Entscheiden: Wer ist jetzt Manager, wer ist jetzt Leader? Aufgaben verteilen. Und voller Optimismus und Zuversicht auf Los. Immer wieder von vorne, immer wieder neu.«

Leistungsfokus: Ganz bei der Sache sein oder auf was es im Leben ankommt

Kapitel 4

8. Oktober 2007. Es ist früh am Morgen. Im Licht ihrer Taschenlampe laufen Thomas und Alexander Huber zum El Capitan, der mächtigen Granitwand im Yosemite Valley. Unzählige Male haben sie die tausend Meter lange Kletterroute »The Nose« in den vergangenen Jahren studiert. Heute gilt es, den Rekord von zwei Stunden, 48 Minuten und 50 Sekunden zu brechen, aufgestellt 2002 von den Speed-Kletterern Hans Florine und Yuji Hirama.

Am Felsen angekommen, schieben sich die Brüder einen frischen Kaugummi in den Mund. Hilft gegen Austrocknen. Dann ein Blick, ein Nicken, noch eine Minute bis zum Start. Das Herz pocht, Adrenalin rauscht durch die Adern. Alexander fängt an zu zählen, 45 Sekunden, 30, 20, 10, 5, drückt die Stoppuhr und gibt das Kommando. Go.

»Was dann passiert, ist jedes Mal verrückt«, erzählt Thomas. »Mein Bruder öffnet die Tür zu einem Raum, in dem es nur noch um Schritte, Tritte, Griffe, Schwünge, Sprünge und Kommandos geht: Stand, Seil fix, Länge. Nach der ersten Minute schwindet die Angst und es gibt kein Gestern und kein Morgen mehr. Nur jetzt. Den Berg, meinen Partner und mich. Erst oben, wenn ich auf dem Gipfel stehe, verlasse ich diesen Raum wieder, mein Bruder schließt die Tür hinter mir zu, hält die Stoppuhr an und blickt auf die Zeit.«

Diesmal hat es geklappt. Die Huber-Brüder haben die Flanke drei Minuten und fünf Sekunden schneller erklommen als ihre Kontrahenten. Freudentaumel. Aufatmen. Rundumblick. Allmählich kehrt die Landschaft ins Bewusstsein zurück. Wer und was wartet da draußen auf mich? Im Quartier klappt Alexander den Rechner auf und tippt eine Mail an einen Freund: Geschafft. Wir sind glücklich. Und reif für die Insel.

»Es hat einen
unwiderstehlichen **Zauber**,
immer wieder diese imaginäre
Grenze vom bisher
Bekannten ins noch
Unbekannte zu überschreiten,
um neue Horizonte zu
entdecken. Manche bezeichnen
das als Peak Performance,
für mich ist es eine Heraus-
forderung, die mich als
Mensch sowohl am Berg als
auch im Leben wachsen lässt.

Alexander Huber

Eine Geschichte, die eindrücklich zeigt: Ohne Fokus sind Höchstleistungen nicht zu erzielen. Die eigene Energie muss sich bündeln. Wie die Sonnenstrahlen durch die Lupe zu einem einzigen hellen Lichtfleck auf einem Blatt Papier. Der Fokus richtet sich auf den perfekt vorbereiteten Moment – und die Skills und Ressourcen, die es hier und jetzt braucht. Doch danach muss sich der Fokus wieder weiten, um all die anderen Räume sehen zu können, die es im Leben gibt. Das wahre Leben ausmachen. Jeder Raum ein Lernfeld für sich.

Peak Performance als geschmeidiges Spiel aus Fokussieren und Defokussieren, Ausblenden und Einblenden, Hinlenken und Ablenken. Mit hohem Schwierigkeitsgrad, individuellen Varianten und ohne Garantie, es jemals in Perfektion zu beherrschen.

Steigen wir mit vier Peak Performern ein. Wie fokussiert man sich auf eine Sache, was sind die Voraussetzungen dafür? Vier Geschichten. Vier Learnings.

Dominik Klein: »Mein Coach hat mich vor einem Spiel aufgefordert, mir das Netz des gegnerischen Tors ganz genau anzuschauen. Aus welchem Material sind die wabenförmigen Maschen geknüpft, welche Farbe haben die einzelnen Seile? Vor allem an der Stelle, an der mein Wurf landen soll. Ich habe nicht sofort verstanden, was er mir durch diese Übung vermitteln will: Kenne dein Ziel und richte deinen Fokus dementsprechend aus. Anstatt im entscheidenden Moment, abgelenkt vom oftmals knalligen Trikot, auf den Torwart zu zielen.

Seitdem kann ich viel besser bei mir bleiben. Selbst wenn vor dem Spiel ein Spielerkollege ein Liedchen trällert, bringt mich das nicht mehr aus der Fassung. Er hat seine Art, sich auf das Spiel auszurichten, ich meine.«

Lars Bender: »In der Kabine denke ich an den Sieg. Ich will gewinnen, deswegen bin ich hier. Doch wenn das Spiel beginnt, gilt mein Fokus voll und ganz dem ersten Pass. Dann dem zweiten, dem dritten. Dieses Vorgehen, Schritt für Schritt, versuche ich auch Kindern und Jugendlichen mitzugeben. Sie wollen Fußballprofi werden – schön und gut, Träume und Visionen sind wichtig. Doch um sein Ziel erreichen zu können, musst man im Hier und Jetzt brillieren. Von Minute zu Minute. Sei es im Training in der Halle oder im Spiel auf dem Feld.«

Anja Blacha: »2017 war ich in Nepal, um den Mount Everest zu besteigen. In meinem Team mit dabei: zwei erfahrene Bergsteiger aus den Niederlanden, beide verheiratet, beide haben Kinder. Der eine war der Hero-Daddy, ein Abenteurer, der aus der Sicht seiner Kids die coolsten Trips unternimmt, sie freuten sich und fieberten mit ihm mit. Der andere hatte ein schlechtes Gewissen und dachte darüber nach, was passiert, wenn ihm etwas passiert, er sich verletzt, nicht mehr arbeiten kann, gar umkommt. Dann würde sein egoistisches Ausleben seines Kindheitstraums einen gewaltigen Bruch im Leben seiner Tochter darstellen. Während der Expedition hat sich diese psychische Belastung so auf seine physische Kondition ausgewirkt, dass wir ihn zum Gipfelanstieg beinahe hätten zurücklassen müssen. Diese Situation hat mich gelehrt: Um sich fokussieren zu können, darf der Mental Load nicht zu groß sein, du musst in der Lage sein, dich auf die Situation voll und ganz einzulassen. Wenn das nicht möglich ist, lass es sein. Ganz oder gar nicht.«

»In jedem Peak Performer steckt diese **kindliche Neugier**, die ihn seinen Weg mutig und fokussiert bis zum Gipfel gehen lässt.«

Thomas Huber

Tobias Arlt: »Wenn wir mit unserem Schlitten an der Startlinie stehen, heißt es ›focus on‹. Du blendest alles andere aus. Selbst wenn zu Hause die Kinder krank sind, musst du dir denken: Die packen das schon, ich rufe an, sobald es geht. Wenn Tobias sich mit den Händen am Bügel abstößt, spulen wir ab, was wir von klein auf gelernt haben. Wir fühlen uns nicht wie zwei Personen, die aufeinanderliegen, sondern wir sind eins. Natürlich spielt da auch unsere Freundschaft eine große Rolle, seitdem wir acht Jahre alt sind, verbringen wir unsere Freizeit miteinander. Das gibt uns Sicherheit und vielleicht im Vergleich zu anderen Teams dieses eine Zehntel mehr Vertrauen. Bei uns fährt keine Unzufriedenheit mit, keine Rivalität, sondern nur ein tiefes Verständnis füreinander.«

CHRISTOPHER »In diesen vier Geschichten steckt viel drin. Ziel setzen. Fokus schärfen. Ausblenden, was gerade keine Rolle spielt. Schritt für Schritt voran. Wohlwissend, dass alles andere Zeit-, Energie- und Potenzialverschwendung ist. Der Athlet, von dem Blacha erzählt, wird niemandem gerecht. Nicht sich selbst, nicht seinen Teamkollegen, nicht seinen Angehörigen. Das ist vergleichbar mit dem Ehepartner, der abends am Familientisch seiner Arbeit nachhängt und nicht mitbekommt, was seine Kinder und seine Frau ihm erzählen. Er befindet sich in einem unproduktiven Zwischenraum, weder bewusst fokussiert noch bewusst defokussiert.
Über Florence Schelling, früher Eishockeytorhüterin der Schweiz, heute hauptberuflich Focus-Coach, habe ich das ›Check-in & Check-out Prinzip‹ kennengelernt. Wenn sie sich beispielsweise mit einer Freundin trifft, checkt sie ein

und ist zu hundert Prozent bei der Freundin. Nichts lenkt ihre Aufmerksamkeit ab. Nach dem Treffen checkt sie aus, denkt nicht mehr über das Gespräch nach, sondern bereitet sich mental auf ihren nächsten Check-in vor.«

MAGDALENA »Lebst du nach diesem Prinzip? Ich hänge einem Gespräch mit einer Freundin eher absichtlich nach. Um über das Gesagte nachzudenken und das Gefühl von Vertrautheit und Nähe, das da gerade entstanden ist, möglichst lange zu bewahren. Gerade das gibt mir Kraft. Ausrichtung. Fokus.«

CHRISTOPHER »Ich vergleiche das Leben mit seinen verschiedenen Lebensbereichen gerne mit den Fenstern auf der Oberfläche eines Computers. Alle sind offen, ich habe sie gleichermaßen im Blick, nichts verschwindet in der Versenkung, auch wenn ich immer nur eins bewusst in den Vordergrund klicke. Jetzt ist Job, jetzt ist Familie, jetzt ist Partnerschaft. Immer mit dem Anspruch, in allen Lebensbereichen Entwicklung voranzutreiben. Dafür muss man alle Lebenswelten im Blick haben. Deshalb dürfen die Fenster nicht geschossen werden, auch wenn sie aktuell nicht im Fokus sind. Hier kann ich teilweise mit Florence Schellings Prinzip arbeiten. Ich checke ein, ich checke aus. Aber nicht in der Trennschärfe und Absolutheit, wie das Florence Schelling macht.«

CHRISTIAN »Alle Fenster gleichermaßen im Blick zu haben ist ein erstrebenswertes Lebensziel, aber auch sehr ambitioniert.

Als ich mein Unternehmen aufgebaut habe, lag mein Fokus von frühmorgens bis spätabends zu hundert Prozent auf diesem einen Lebensbereich. Ich war besessen, berauscht von der Droge Erfolg, wollte es unbedingt schaffen. Sicher, aus meiner Perspektive bin ich allen anderen Bereichen ebenfalls gerecht geworden. Doch wenn ich meine Partnerin, meine Freunde, meinen Vater gefragt habe – eigene Kinder habe ich nicht –, dann stellte sich das Ganze anders dar. Erst in den letzten Jahren habe ich begonnen, meinen Fokus von der Arbeit wegzulenken und bewusst zu defokussieren, um die Enge dieses einen Lebensraumes zu überwinden, neue Freiheitsgrade hinzuzugewinnen. Aber es ist ein Lernprozess. Und dieser gelingt mir vor allem, weil ich Beruf und Privat nicht trenne, ich nutze freie Zeiten, die sich im Laufe meines 16-, 18-Stunden-Tages ergeben, für Freunde, Sport, Gesundheit. Vielleicht denkt sich der eine oder andere: Luxus, kann sich jemand mit festen Kernarbeitszeiten nicht leisten. Doch wenn ich mir meine Mitarbeitenden anschaue, würden vermutlich weniger als 50 Prozent in dieser Selbstbestimmtheit leben wollen. Wir sind nach wie vor eine Gesellschaft, die mehr zeit- und weniger ergebnisorientiert ausgerichtet ist, um 17 Uhr geht man nach Hause, weil 17 Uhr und somit Feierabend ist.

Mir geht es aber um einen anderen Punkt. Top-Leistung erfordert Top-Aufmerksamkeit – manchmal auch über einen längeren Zeitraum. Aus meiner Sicht ist das kein Problem, solange man sich selbst und seinen Nächsten gegenüber ehrlich ist. Wo liegt mein Fokus, wie lange wird mein Fokus dort liegen, und welchen Preis bin ich, sind wir bereit zu bezahlen, wenn in Folge andere Lebensbereiche aus dem Sichtfeld verschwinden, ich sage: auch verschwinden müssen. Es ist ein kontinuierlicher Reflexions- und Aushandlungsprozess. Ich selbst habe mir immer vorgenommen, mit 50 keine operative Rolle mehr in meinem Unternehmen zu bekleiden, heute bin ich 48 und fast am Ziel. Hier stimme ich mit Lars Bender überein. Auch ich setze mir ein Gesamtziel, fokussiere mich danach aber auf die Erreichung von Etappenzielen. Schritt für Schritt.«

MAGDALENA »Auch in meiner aktiven Sportlerzeit drehte sich so gut wie alles um meinen Sport. Der Tag startete morgens mit der richtigen Ernährung und endete abends mit Mentaltraining, Dehnübungen oder Gewehr kontrollieren. Sieben Monate im Jahr war ich unterwegs, reiste von Training zu Training, von Wettbewerb zu Wettbewerb. Da blieb aus meiner Sicht nicht viel Zeit und Kraft für andere Lebensbereiche. Gemerkt, wie tief ich in meine Welt abgetaucht war, habe ich eigentlich erst kurz vor meinem Karriereende. Ich merkte, wie es meinem Mann nach einem Konflikt mit mir ging, in dem ich ihm vorgeworfen hatte, dass er mich nicht unterstützt, keine Rücksicht nimmt, kein Verständnis hat: Er hat sehr gelitten, weil er nicht mehr wusste, wie er zu mir durchdringen kann, der Platz, den ich ihm eingeräumt habe in meinem Leben, war aus seiner Sicht sehr klein. Vielleicht ist das die Stellschraube, an der sich drehen ließe. Um Missverständnisse, Konflikte, Enttäuschungen und Verletzungen zu

»Peak Performer warten nicht darauf, etwas geschenkt zu bekommen. Sie erarbeiten sich ihren Erfolg **aus eigener Kraft**.«

Martin Keim

vermeiden, braucht es Ehrlichkeit, Offenheit und viel, viel Kommunikation – auch als gegenseitiges Korrektiv. Da bin ich völlig bei dir, Christian.
Beim Thema ›Beruf und Privat‹ musste ich hingegen schmunzeln. Ich mache das ein wenig anders. Um circa 18 Uhr ist bei uns Feierabend. Mein Mann kommt nach Hause, und wir starten mit einem Essen in den gemeinsamen Abend. Schon morgens habe ich eine gewisse Vorstellung davon, wie ich diese wichtige Zeit mit meiner Familie verbringen möchte. Entspannt, ausgeruht, mit meiner Aufmerksamkeit voll und ganz anwesend. Das hilft mir häufig, untertags nicht zu viel Pulver zu verschießen, meine Kernaufgaben fokussiert zu erledigen und meine vielen Fenster bis 18 Uhr zu schließen. Möglicherweise setze ich mich, nachdem die Kinder im Bett sind, nochmal an den Rechner, um mich meiner Ausbildung oder meinem Studium zu widmen, aber auch das ist eine bewusste Entscheidung und mit meinem Mann besprochen.«

CHRISTOPHER »Damit kein Missverständnis entsteht: Auch ich hatte eine Lebensphase, in der sich alles um Karriere und Erfolg drehte, doch 2008 veränderte ein Erlebnis meinen Blick. Damals war ich jüngste Führungskraft bei der Commerzbank. 60 Stundenwochen. Dann ging Lehman Brothers pleite, und die Commerzbank, die im Begriff war, mit der Dresdner Bank zu fusionieren, verlor Milliarden und musste sich komplett neu aufstellen. Für mich bedeutete das erstmal: Abteilung weg, Job weg, Selbstwert weg. Der Beruf war alles, was ich hatte. Um mir Trost zu holen, ging ich zu meinem Chef, Typ

›Wolf of Wallstreet‹, der ebenfalls alles verloren hatte. Doch was macht er: Steht auf einem Stuhl und hängt Bilder in seinem Übergangsbüro auf, das man ihm netterweise zugewiesen hat, bis die Tinte unter seinem Aufhebungsvertrag trocken ist. Seine Antwort auf meine Frage, warum er das jetzt noch tue, vergesse ich vermutlich nie:
›Herr Spall, Sie brauchen drei Dinge in Ihrem Leben, für die Sie dankbar sind. Wenn Sie diese drei Dinge haben, überstehen Sie jeden Sturm.‹
Heute versuche ich, besser darin zu werden, nicht mehr nur einen Lebensbereich weiterzuentwickeln wie viele Unternehmer, die nach 30, 40 Jahren Berufskarriere vor dem Nichts stehen. Von der Frau geschieden. Zu den Kindern keinen Kontakt. Die Freunde nur noch flüchtige Bekannte. Und auch die Gesundheit im Argen. Oft geht es diesen Menschen um die berühmte Karriereleiter. Viele wollen möglichst weit nach oben. Doch sollten wir nicht darauf schauen, ob die Leiter überhaupt an der richtigen Wand steht?
Beim Thema ›Fokus‹ ist für mich persönlich das bewusste Abschalten ein Entwicklungsfeld. Das fasziniert mich an Anja Blacha. Sie war in ihrem Abiturjahrgang, gemessen an den Noten, die Beste und gemessen am Fleiß die Drittfaulste. Aus ihrer Sicht liegt der Hauptgrund für ihre gute Performance darin, dass sie nach der Schule genug Zeit hatte, ihren Fokus auf andere Dinge zu lenken, aber auch sich zu zerstreuen. Reiten, Fechten, Abhängen mit Freunden, Nichtstun. Dadurch hatte sie am nächsten Morgen genug Power, um sich voll und ganz auf den Unterricht zu konzentrieren, zuzuhören, mitzuma-

chen. Also intensive Entspannung und intensive Anspannung. Wobei ja schon hier das Prinzip aufleuchtet, das sich für Blacha am Everest so richtig manifestierte: Sei mit deiner Aufmerksamkeit an dem Ort, an dem du dich gerade befindest, weil halbe Sachen halbe Sachen bleiben. Man könnte auch sagen, gebe niemals zur gleichen Zeit dreimal 33,33 Prozent, sondern besser einmal 100 Prozent.«

MAGDALENA »Ich denke, wir müssen außerdem zwischen Sportlern und Unternehmern unterscheiden. Der Sportler hat ein kurzes Zeitfenster, in dem er Top-Leistung erbringen kann, spätestens mit Mitte 30 katapultiert es ihn zurück in das reale Leben. Bei einem Unternehmer kann diese Phase Jahrzehnte dauern, da ist die Gefahr höher, dass sein Fokus zu lange nur auf seiner beruflichen Karriere liegt – und er sich im Alter, bildlich gesprochen, in einem Haus mit nur einem bewohnten Raum wiederfindet, alle anderen verwaist, verstaubt, leer.«

Wir einigen uns: Fokus bedeutet Freiheit.

Die Freiheit, sich auf den einen Moment, die eine Person oder die eine Aufgabe zu konzentrieren. Fokus bedeutet nicht, alles gleichzeitig in den Blickpunkt zu rücken oder auszublenden. Sprich: Alles gleichzeitig zu wollen oder nicht zu wollen. Das endet in einer krassen Überforderung, die am Ende zerstörerisch sein kann. Am Ende kann ich mich nicht mehr fokussieren. Ich werde zur Flipperkugel, die hin und her schießt, ohne Ziel und mit der Frustration, seine Höchstleistung nicht auf den Punkt abrufen zu können.

»Ein Peak Performer
ist jemand, der die
Dinge angeht, auch
wenn andere
Bedenken haben. Ist
der erste Schritt
getan, erledigt sich
vieles von selbst.«

Michaela Kirchgasser

Eine Voraussetzung: Dinge vermeiden, die den Fokus rauben. Das können Informationen sein, die ungefiltert und rund um die Uhr unsere Aufmerksamkeit bannen. Das können Aufgaben sein, die nicht (mehr) zu einem passen. Man macht sie. Aus Gewohnheit, Angst vor Veränderung, dem Gefühl heraus, es allen recht machen zu müssen.

Das können Menschen sein, die zu viel Raum beanspruchen, Grenzen nicht akzeptieren, einen unter Druck setzen, Schuldgefühle erzeugen.

Lassen wir wieder drei Peak Performer zu Wort kommen.

Matthias Steiner: »Menschen sind weniger belastbar als früher. Zumindest ist das mein Eindruck. Den Hauptgrund sehe ich in der ständigen Ablenkung, die mit Einzug der sozialen Medien um ein Vielfaches zugenommen hat. Um hier entgegenzuwirken, sind vor allem Eltern gefordert, mit gutem Beispiel voranzugehen und das eigene Verhalten zu reflektieren. Wie viele Stunden bin ich im Internet unterwegs? Lege ich bewusst längere Medienpausen ein? Läuft der Fernseher im Hintergrund, wenn eigentlich Essenszeit ist? Gehe ich ans Handy, wenn ich mit meinem Kind spiele? Das Verhalten von Eltern hat einen großen Einfluss auf ihre Kinder, mehr als Worte, Regeln und Verbote. Ähnliches gilt für Trainer, Lehrer, Unternehmer. Wir müssen auch in diesem Punkt mehr vorleben, weniger predigen.«

Alexander Penzkofer: »Ich habe gelernt, Dinge sein zu lassen, die nicht zu mir passen. Das ist nicht immer ganz einfach, gerade in einer wirtschaftlich angespannten Situation. Doch aus meiner Erfahrung heraus spart man sich dadurch viel Kraft, Ärger und Zeit. Man kann sich auf die Kunden konzentrieren, die zu einem passen. Voraussetzung: Seine Prinzipien kennen, sie weisen den Weg, sie helfen bei Gesprächen, sich treu zu bleiben, sich nicht zu verbiegen und in Entscheidungssituationen die richtigen Weichen zu stellen.«

Lars Bender: »Wir haben im Laufe unserer Profikarriere einige Kontakte abgebrochen, weil sie uns nicht gutgetan haben. Das mussten wir aber erst verstehen lernen. Löse dich von Energienehmern, umgebe dich mit Energiegebern. Menschen, denen du vertrauen kannst, die an dich glauben, dich nehmen, wie du bist, und auch mit deiner Zerbrechlichkeit umgehen können. Wenn du die nicht hast, oftmals sind es nur ein paar, wird es schwer, sich immer wieder aus sich selbst zu motivieren, Ziele zu setzen und Fokus aufzubauen.«

Was uns zu einem weiteren Punkt führt, der sich genau mit dieser Beziehungsqualität beschäftigt, neben Lars Bender hat auch Tobias Arlt ihn schon angesprochen:

Fokus bedeutet, den Zusammenhang zwischen Peak Performance und Vertrauen zu sehen. Wer vertrauen kann, wird mehr leisten. Wer mehr leisten will, muss vertrauen können.

Schauen wir uns den Punkt etwas genauer an. Grundsätzlich kann man zwischen Vertrauen zu sich selbst (Selbstvertrauen) und dem Vertrauen zu anderen Menschen (Beziehungsvertrauen) unterscheiden. Wer beide ausprägen kann, ist glaubwürdiger und erfolgreicher als der Leistungsegoist, der nur auf sein eigenes Selbstvertrauen blickt. Die erste Grundlage dieser Glaubwürdigkeit ist Integrität. Sie bedeutet, dass »zwischen den Worten und dem Handeln Übereinstimmung besteht«, wie der US-Managementautor Stephen Covey schreibt. Wort und Tat schaffen Vertrauen. Zudem wächst Vertrauen, wenn »unsere Absichten ehrlich sind und auf dem festen Willen beruhen, allen Beteiligten Vorteile zu beschaffen«. Das ist der Link zum Beziehungsvertrauen.

So ist auch der Raum, den die Huber-Brüder betreten, nicht nur ein Raum der Schritte, Tritte, Griffe, Schwünge, Sprünge und Kommandos. Es ist auch ein Raum des absoluten Vertrauens. Oder wie Thomas Huber sagt: »Wir haben unser Zusammenspiel immer weiter optimiert. Es ist eine fein abgestimmte Choreographie, die in dieser Form nur zwischen zwei Menschen entsteht, die sich auf sich selbst und auf den jeweils anderen verlassen können. Jeder gibt alles. Für sich. Für den anderen. Für diesen einen Lebensmoment, den man zusammen hier und jetzt erleben darf. Ohne Vertrauen könnten wir diese Höchstleitung nicht abrufen. Keine Chance.«

CHRISTIAN »Was Thomas Huber über Fokus und Vertrauen erzählt, ist auf die Unternehmenswelt eins zu eins übertragbar. Er ist nicht nur mit seinem Bruder unterwegs, zu dem er schon in Kindertagen ein stabiles Seil des Vertrauens geknüpft hat, sondern auch mit anderen Partnern. Damit er vertrauen kann, muss sein Gegenüber physische und psychische Voraussetzungen mitbringen, also seine Hausaufgaben gemacht haben; zuhören, Fragen stellen, auf Bedenken eingehen können; Ruhe, Zuversicht und Besonnenheit ausstrahlen; sich der Dynamik des ersten Schrittes bewusst sein, die das Team auch über schwierige Wegstrecken hinwegträgt; und ehrlich sein:

Kann er wirklich, was er vorgibt zu können? Sind seine Ziele tatsächlich deckungsgleich zu den eigenen? Wenn jemand nicht zugibt, dass für ihn die Trophäe oder der Gipfel wichtiger als das Überleben ist, kann er seine Seilschaft in einem prekären Moment in eine extreme Entscheidungssituation zwingen: Geht man zusammen weiter ins unkalkulierbare Risiko oder – ebenfalls gefahrenvoll – trennt man sich? Dieselben Kriterien gelten auch für ihn. Ergo: Vertrauen fängt bei jedem selbst an. Man kann es nicht einfordern, man muss es sich erarbeiten und verdienen. Doch wenn es einmal da ist, ist es da und schweißt ein Team zu einer unvergleichlich starken Einheit zusammen. Vom Ich zum Du zum Wir. Auch bei Bernhard Fragner hat der Turnaround seiner Airline GlobeAir während der Corona-Krise nur deswegen so gut geklappt, weil seine Mannschaft Vertrauen in seine Kompetenz, Willenskraft und Vernunft hatte.«

CHRISTOPHER »Da gehe ich voll mit. Gerade die Corona-Pandemie hat uns etliche Studien zum Thema Vertrauen beschert. Das Ergebnis ist eindeutig: Mitarbeitende in Unternehmen mit einer hohen Vertrauenskultur sind nicht nur einsatzfreudiger und leistungsstärker, sondern auch kollegialer und loyaler. Inzwischen ist von High-Trust Companies die Rede, die deutlich besser performen als Low-Trust Companies. Wer Performance ernten will, muss Vertrauen säen.
Doch lasst uns nochmal explizit zum Fokus zurückkommen. Fokus ist für Organisationen auch deswegen extrem wichtig, damit sie zwei essenzielle Fragen beantworten können. Zum

»Ein Peak Performer gibt **zehn Prozent** mehr, als von ihm erwartet wird.«

Dominik Klein

einen in puncto Positionierung Richtung Kunden: Für welche Produkte oder Dienstleistungen stehen wir konkret, um uns nicht zu verzetteln und letzten Endes wenig attraktiv für viele anstatt hochattraktiv für wenige zu sein? Zum anderen in puncto Recruiting Richtung Mitarbeitende: Warum soll ein Leistungsträger ausgerechnet bei uns einsteigen und nicht beim Unternehmen nebenan? Was ist uns wichtig, was zeichnet uns aus, was unterscheidet uns? Viele Arbeitgeber klagen darüber, dass sie keine Mitarbeitenden finden. Dabei müssten sie zuerst ihren Fokus finden. Wenn ich mir ihre Stellenausschreibungen anschaue, denke ich: kein Wunder. Sie ziehen in den Kampf um Talente mit einem Wischiwaschi-Profil, in dem es heißt: Wir bieten gute Aufstiegschancen in einem modernen Umfeld mit engagiertem Team und tollen Sozialleistungen wie Fitnessstudio und Obstkorb. Selbst wenn es glaubwürdig ist, es ist nicht differenzierend genug. Arbeitgeber sollten stattdessen die besondere Arbeitsatmosphäre und Führungskultur in Klartext beschreiben. Das ist entscheidend. Hier fehlt es an Fokus auf die eigene DNA. Der Blick nach innen, der so viel wertvoller ist als der Blick nach außen!«

Womit wir bei der Königsklasse angekommen sind. Den Blick nach innen lenken für eine Art Meta-Fokus: Was ist wirklich wichtig im Leben? Mitunter braucht es ein einschneidendes Erlebnis, um klar zu sehen.

12. September 1989. Nach zehnstündiger OP wacht Gerd Schönfelder auf der Intensivstation auf. Benebelt von Narkose- und Schmerzmitteln nimmt er nur schemenhaft die Neonröhren an der Decke und seine Eltern an seinem Bett wahr. Die Stimme eines Mannes im weißen Kittel dringt zu ihm durch. Unfall. Zug. Der rechte Arm weg. Vier Finger der linken Hand weg. Daumen schwer verletzt. Nervenquetschung im Bein. Gedanken rasen durch seinen Kopf. Spricht er über mich? Wie soll ich selbständig mein Leben leben? Dann sackt er wieder zurück in einen tiefen Schlaf. Als Schönfelder am nächsten Tag zu sich kommt und in die Gesichter seiner Eltern und Geschwister blickt, sieht er schon klarer: Das wird ein harter Kampf, und das Letzte, was ich dafür brauche, sind Tränen. Also sagt er zu seiner Familie: »Hört auf zu jammern und zu weinen, ich brauche eure Unterstützung, wir müssen gemeinsam nach vorne blicken, ich habe noch so viele Träume, die ich realisieren will.«

Das erste Jahr war tatsächlich extrem, »du bist 19 Jahre alt und eine Krankenschwester im gleichen Alter wischt dir den Hintern ab«, Selbstvertrauen und Selbstwertgefühl am Boden, doch die darauffolgenden 34 Jahre bis heute »waren einfach nur geil«. Ein Jahr nach seinem Unfall startet Schönfelder seine Karriere im Deutschen Paralympic Skiteam Alpin und gewinnt bis zu seinem Rücktritt 2011 bei sechs Paralympischen Spielen 16-mal Gold, viermal Silber und zweimal Bronze.

CHRISTIAN »Gerd Schönfelder bezeichnet seinen Unfalltag als Glückstag und feiert ihn jedes Jahr aufs Neue. Weil er dankbar ist. Für sein Überleben und alles, was er hat und kann. Sich ohne fremde Hilfe anziehen, die Zähne putzen, das Essen klein schneiden, mit seinen Kindern zur Schule radeln. Nichts ist für ihn selbstverständlich. Weil er weiß, dass das Leben innerhalb einer Sekunde ein anderes sein kann. Oder wie er selbst sagt: ›Heute bist du topfit, machst Sport, ärgerst dich über Nebensächlichkeiten, deine krumme Nase. Morgen ist die Nase definitiv dein geringstes Problem.‹ Auf die Frage, was er Menschen rät, antwortet er: Jeden Morgen kurz innehalten und sich vergegenwärtigen, was man alles hat. Der Tag gestaltet sich anders, man richtet sich grundsätzlich anders aus.«

MAGDALENA »Ich hatte das große Glück, schon sehr früh mit dem Thema Dankbarkeit in Berührung zu kommen. Ich war 19 Jahre alt und trotz erster Erfolge unzufrieden, da dieser Erfolg auch einiges an Veränderung und in meinen Augen anstrengenden Dingen mit sich brachte. Mein damaliger Mental-Coach hat mich gefragt, ob mir schon einmal Gedanken über das Thema Dankbarkeit gemacht habe. Ich habe ihn nur groß angeschaut, ich hatte kein besonderes Bewusstsein für dieses Thema. Dankbar – für was? Er hat dann eine Übung mit mir gemacht: Visualisiere all die positiven Dinge, die dich umgeben, die einfach da sind, Tag für Tag. Am Ende war ich emotional völlig überrumpelt, mir kamen die Tränen, weil mir klar wurde, wie gut es mir geht, wie dankbar ich sein kann. Seitdem spielt Dankbarkeit in meinem Leben eine wichtige Rolle, und ich nehme mir jeden Abend diesen einen Moment, in dem ich darüber nachdenke, was gut läuft und welche positiven Dinge ich heute wieder erleben durfte. Wie Gerd Schönfelder bin ich überzeugt, dass es den Blick aufs Leben dreht, der Fokus verändert sich. Auch weil unser Gehirn so gepolt ist, dass wir dem Negativen mehr Beachtung und Wert beimessen als dem Positiven. Doch ich habe gelernt, Grenzen zu ziehen, nein zu sagen, auf meinen Energielevel zu achten, Pausen einzulegen und mich von Dingen zu trennen, die mich zu sehr von meinem eigenen Weg abbringen. Ich gehe definitiv mit leichterem Gepäck durchs Leben als noch vor einigen Jahren. Das macht mich schneller, effizienter, fokussierter und zufriedener. Ich weiß, welche Räume ich mit Leben füllen möchte, alles geht leichter von der Hand, fügt sich harmonisch zu einem großen Ganzen zusammen. Aber Christian, vorher hast du erzählt, dass du dich aus deinem Unternehmen rausziehst, wie kam es zu dieser Entscheidung?«

CHRISTIAN »Am Anfang meiner Beraterkarriere durfte ich einen Unternehmer kennenlernen, den ich wirklich bewunderte. Sehr erfolgreich, eine Koryphäe. Doch er hat es leider nicht geschafft, die Übergabe seiner Firma aktiv zu gestalten. Am Ende saß er mit 75 noch immer im Büro und hat sich gewundert, warum der Laden nicht mehr läuft. An seiner Seite seine Sekretärin, die genauso alt war wie er. Ich habe mir geschworen, dass mir das nicht passiert. Zum einen, weil ich in unserer schnelllebigen Zeit nicht dauerhaft in erster Reihe stehen kann. Wenn mein Unternehmen in Zukunft mitspielen will, braucht es junge Menschen an der Spitze, die die Notwendigkeit für Transformation klarer sehen und den Wandel stärker leben können als ich – diese Ehrlichkeit sich selbst gegenüber muss sein. Zum anderen, weil sich die Gestaltung der zweiten Lebenshälfte nicht bis ultimo aufschieben lässt.

Man muss sich schon vor der Rente Fragen stellen: Für wen oder was mache ich das Ganze, warum und bis wann will ich es mit diesem hohen Engagement weiter betreiben? Was kommt unterm Strich bei meiner Lebensbilanz heraus, stehen Input und Output in einem ausgewogenen Verhältnis? Falls nein, was muss ich ändern? Je älter ich werde, desto stärker rückt meine persönliche Zufriedenheit in den Fokus – und dadurch auch wieder Lebensbereiche, die in den vergangenen 15 Jahren keinen hohen Stellenwert haben konnten.«

Welche Conclusio ziehen wir? Schließen wir den Kreis und enden mit einer Geschichte, die zeigt: Wer die höchste Stufe von Fokus erreicht, ist Souverän über die Räume seines Lebens.

Elf Jahre nach seinem Speed-Rekord verliert Thomas Huber bei Dreharbeiten an seinem Hausberg im Berchtesgadener Land den Halt und fällt 16 Meter in die Tiefe. Dass er überlebt, ist pures Glück. Statt auf Felsen schlägt er »wie eine Katze« auf weichem Waldboden auf. Trotz Schädelfraktur und Abriss mehrerer Dornfortsätze kommt er schnell wieder auf die Beine.

Er besucht die Unfallstelle, betet, zieht Bilanz: »Du brauchst Menschen, die fest an deiner Seite stehen, das ist die Basis für alles. Der größte Gegner von Fokus, Selbstvertrauen und Beziehungsvertrauen ist Stress, du verlierst den Zugang zu dir und zu deinem Umfeld. Gefährlich sind nicht die Situationen, die extrem sind, da sind deine Sinne hellwach, da hast du Vertrauen und Fokus, gefährlich wird es, wenn du glaubst, alles im Griff zu haben.« Seine Angst vor dem Tod ist gewichen – »er ist ein lustiger Gesell, der kommt, wann er möchte«. Genauso seine Verbissenheit.

Ohne Fokus auf das Leben ist alles nichts. Ohne Fokus auf das Leben zielt jeder andere Fokus irgendwann ins Leere.

Leistungswettbewerb: Immer einen Schritt voraus oder warum die größten Überraschungen nur Normalität darstellen

Kapitel 5

Mai 2023. Es sieht nach Regen aus. Dunkle Wolken ziehen über das Gewerbegebiet Metten in Niederbayern. Doch Alexander Penzkofer ist in Feierlaune. Heute ist Richtfest seiner 6000 Quadratmeter großen Produktionshalle, in der künftig die Wände und Decken aus Massivholz gefertigt werden sollen. Nach der Blasmusik schwingt sich Penzkofer ans Rednerpult, begrüßt Bürgermeister und Landrätin. 16 Millionen Euro – so viel hat er noch nie investiert, um sein Unternehmen in die Zukunft zu führen und wettbewerbsfähig zu halten. Wobei der Bauunternehmer zum Thema »Wettbewerb« zwei Geschichten erzählen kann:

Erstens: »Unsere Firmengeschichte begann vor 26 Jahren mit einem Drei-Mann-Betrieb. Dass wir heute 420 Mitarbeitende beschäftigen, liegt nicht zuletzt an meinem Mitbewerber. Wenn er mehr Gas gegeben hat, habe ich noch mehr Gas gegeben. Wenn er sich einen Lastwagen mit 400 PS gekauft hat, habe ich einen Lastwagen mit 500 PS gekauft. Ohne dieses gegenseitige Hochschaukeln wären wir beide nicht so groß geworden.«

Zweitens: »2008 sind wir haarscharf an einer Insolvenz vorbeigeschlittert. Wir haben uns mit besagtem Mitbewerber in einen gnadenlosen Preiskampf um jeden Auftrag gestürzt. Am Ende lagen wir bei 15 bis 20 Prozent unter unserem Deckungsbeitrag. Hinzu kamen strengere Vorgaben für die Statik, weswegen wir mehr Stahl benötigten. Und höhere Energiepreise, die die Dämmstoffe teurer machten. Ein Ritt auf des Messers Schneide.«

> **CHRISTOPHER** »Diese beiden Geschichten stehen für mich exemplarisch für das Wettbewerbsdilemma. Menschen und Organisationen brauchen den Wettbewerb als fruchtbare,

wertvolle Reibungsfläche, um voranzukommen, sich stetig zu verbessern. Aber sie dürfen sich ihm nie vollständig ausliefern, weil sie sonst in einen Sog hineingeraten könnten, der zerstörerisch wirkt. Für mich muss Wettbewerb Aspiration sein. In der Regel wird dieser Begriff nur im medizinischen Kontext verwendet, wenn eine Flüssigkeit oder ein Fremdkörper in die Luftröhre gelangt. Doch Aspiration bedeutet auch Hoffnung, Bestreben, hohes Ziel, ehrgeiziger Plan – der von innen nach außen kommt, aus einem selbst heraus. Ich benutze den Begriff Aspiration, weil er im Gegensatz zu Inspiration eine Handlungskomponente beinhaltet.«

CHRISTIAN »Interessanter Begriff. Aspiration. Ich kann sehr gut nachvollziehen, dass man in so einen Sog hineingeraten kann, ich hatte eine ähnliche Situation wie Alexander Penzkofer. Nachdem ich für ein Unternehmen einen Geschäftsbereich von null auf 60 Mitarbeitende aufgebaut hatte, bin ich 2005 raus, um eine eigene Firma zu gründen. Doch statt auf Kooperation setzte das Unternehmen auf Konfrontation und legte mir viele Steine in den Weg. Inklusive Drohungen und Klagen. Mich hat das angespornt: So geht man nicht mit mir um! Ich habe alles darangesetzt, insbesondere von einem großen Kunden so viele Aufträge wie möglich abzugraben. Das ist mir gelungen, 90 Prozent der Aufträge gingen an mich, und eineinhalb Jahre später hatte ich 25 Mitarbeitende. Doch der Wettbewerbseifer ging an mir nicht spurlos vorüber. Meinem jungen Unternehmen fehlte es an Struktur, es gab keine Verwaltung, keine Buchhaltung, keine Assistenz. Also kümmerte ich mich

»Ein Peak Performer trägt entscheidend dazu bei, dass **ein größeres Ganzes** besser funktioniert. Das ist sein Ziel, sein Antrieb.«

Bernard Krone

nach einem langen Kundentag abends und nachts um Rechnungen, Bewerbungen und Lohnüberweisungen. 2007 war mein Akku leer, heute würde man Burnout sagen oder zumindest die Vorstufe davon. Schon morgens nach dem Aufstehen konnte ich mich kaum auf den Beinen halten. Es hat noch paar Wochen gedauert, bis ich nach einem Gespräch mit einem befreundeten Arzt und einer 14-tägigen Zwangspause verstanden habe: Man muss sich nicht jedem Wettbewerb stellen, vor allem, wenn er einen wie mich kalt erwischt. Und man kann ohne Gesichtsverlust aus einem ungesunden Wettbewerb aussteigen. Am besten, bevor man selbst zu Schaden kommt.«

Die perfekte Überleitung, um von Niederbayern nach Pakistan zu springen. Entfernung 8000 Kilometer. Mitten hinein ins Karakorum-Gebirge, mit den bekannten Gipfeln K2, Broad Peak, Gasherbrum I, Grasherbrum II und Ogre.

»Der Name des Berges sagt schon alles«, erzählt der Speed-Kletterer Thomas Huber. »Ogre bedeutet Menschenfresser und die Einheimischen haben Angst vor ihm. Er ist ein Mythos. Abweisend. Grimmig. Gefährlich.« Lange Zeit galt der Ogre mit seinen 7285 Metern als unbezwingbar. Bis Chris Bonington und Doug Scott 1977 ihr Glück versuchten. Der Aufstieg gelang, »eine Sternstunde des Alpinismus«, auch wenn sich das Team danach tagelang talwärts schleppte, erschöpft, halb verhungert, Doug mit gebrochenen Beinen, Chris mit gebrochenen Rippen. Es gibt eine Biografie, die die ganze Dramatik schildert. 2001 machte sich Thomas Huber mit Urs Stöcker und Iwan Wolf auf den Weg nach Pakistan – zwei Jahre zuvor war er schon einmal dort und ist gescheitert, »durch den Klimawandel hat sich der Ogre verändert, die Erstbegehungslinie ist nicht mehr bezwingbar, die neue Route beinhaltet eine extrem steile Passage«. Dennoch stießen sie im Basislager auf andere Teams, darunter eins aus den USA und eins aus Südtirol. Unter den dreien entwickelte sich ein Kampf um die Poleposition, jeder wollte 24 Jahre später endlich die Zweitbesteigung schaffen. »Ich merkte jedoch, dass ich unter diesen Umständen nicht klettern kann, weil all meine Entscheidungen subjektiv beeinflusst wurden. Ich war mit meiner Aufmerksamkeit nicht mehr bei mir, sondern nur noch bei den anderen.« Letztlich entschieden sie sich gegen den Wettlauf und für den noch unbestiegenen Ogre III mit 6900 Metern. Über steile Couloirs, also überhängenden Verschneiungen, erreichten sie den Gipfel und erlebten einen perfekten Tag – kein Wind, strahlender Sonnenschein, gigantische Fernsicht –, während die Amerikaner auf 6500 Metern im haltlosen Schnee stecken blieben und sich zur Umkehr entschlossen. Die Südtiroler hatten schon vorher aufgegeben.

CHRISTIAN »Das Interessante an der Geschichte ist nicht nur, dass Thomas Huber aus dem ungesunden Wettbewerb ausscheren und seinen Fokus auf etwas anderes lenken konnte. Zwei Wochen später schaffte er es mit seinem Team tatsächlich auf den Ogre, durch ihren Abstecher auf den Ogre III waren sie perfekt trainiert und akklimatisiert.«

Wettbewerb ist immer eine Frage des Timings. Man muss wissen, wann der perfekte Zeitpunkt gekommen ist, um sich seinem Gegner zu stellen. Das gilt im Sport wie in der Wirtschaft gleichermaßen.

CHRISTIAN »Auch wir gehen nicht einfach auf gut Glück in einen Pitch. Wir wägen genau ab, ob wir uns einem Wettbewerb stellen wollen oder nicht. Es ist immer eine bewusste Entscheidung, dafür oder dagegen. Beide Entscheidungen sind gleichermaßen gut, es gibt kein Richtig oder Falsch, nur ein bereit.«

Womit wir an dieser Stelle einen kleinen Exkurs einschieben, der auch etwas mit Timing zu tun hat. Ab wann führt man Kinder an Wettbewerb heran, gibt es ein zu jung?

CHRISTOPHER »Ab 2024 gelten bundesweit neue Spielformen im Kinderfußball. G-, F- und E-Jugend werden dann in kleineren Teams auf kleineren Spielfeldern mit kleineren Toren spielen. Zudem soll es keine Meisterschaftsrunden mehr geben, stattdessen Spielenachmittage und Festivals mit mehreren Mannschaften und Spielfeldern. Man erhofft sich, dass die Vier- bis Elfjährigen öfters den Ball am Fuß haben und möglichst viele Tore schießen. Denn, so die Logik, nur Kinder, die Spaß und Freude am Spiel entwickeln, bleiben dem Fußball erhalten. Die Reform soll den gesamten Fußball und die Nachwuchsarbeit an der Basis stärken. Auch die Bundesjugendspiele sollen sich mit Beginn des Schuljahres 2023/2024 ändern. Statt Wettkampf findet in den Grundschulklassen nur noch ein ›bewegungsorientierter Wettbewerb‹ statt. Was bedeutet: Schluss mit normierten Punktetabellen, die Bewertung orientiert sich am Leistungsvermögen einer

> Jahrgangsstufe oder Klasse. Ich frage mich, was diese Neuerungen bedeuten? Halten wir Kinder künstlich von wichtigen Erfahrungswerten für das Leben fern? Ist der Wettbewerb nicht ein natürlicher Teil unserer Gesellschaft? Wie wichtig ist Wettbewerb in jungen Jahren?«

Hören wir vier Peak Performern zu, um uns der Komplexität des Themas anzunähern. Vorneweg: Eine eindeutige Antwort zu finden ist kompliziert.

Sven Bender: »Ich muss nur meinen Sohn und seine Freunde beobachten: Kinder suchen den Wettbewerb, warum sollte man sie bremsen? Dafür aber sind keine Tabellen notwendig, da es bei Kindern ja um das schnelle Ergebnis, wer gewonnen oder verloren hat, geht. Wettbewerb war auch für mich essenziell. Besonders der Wettbewerb gegen meinen Zwillingsbruder. Wenn er ein Ziel erreicht hat – Aufstieg in eine höhere Klasse, erstes Länderspiel, erste Bundesliga –, habe ich versucht, nachzuziehen oder ihn zu überholen. Ohne Wettbewerb lernt man seine Grenzen nicht kennen. Was aber noch wichtiger ist: Ohne Wettbewerb lernt man nicht zu gewinnen *und* zu verlieren. Wie fühlt es sich auf der Gewinner- *und* Verliererseite an? Wie geht man mit Erfolgen *und* Misserfolgen um? Man muss beides kennenlernen, um im Leben bestehen zu können, seine Persönlichkeit auszubilden. Wettbewerb schult die Selbsteinschätzung, gibt Bodenhaftung, stärkt die Empathie. Natürlich gibt es auch ungesunden Wettbewerb – aber da sind für mich Eltern, Lehrer und Trainer gefragt, sie sollten Kinder nicht per se vor Wettbewerb schützen, sondern sie durch den Wettbewerb individuell begleiten. Wettbewerb wird an dem Punkt negativ, an dem man sich nur noch mit anderen

»Sport ist die beste Schule für Peak Performance. Denn er vermittelt spielerisch die Grundbausteine, auf denen Spitzenleistung zwingend basiert: Respekt, Toleranz, gewaltfreie Konfliktlösung sowie **achtsamer Umgang** mit Erfolg und Niederlage.«

Ewald Manz

vergleicht, sich selbst aus den Augen verliert und seinen Selbstwert nur noch über den Erfolg definiert.«

Lars Bender: »Wenn du für etwas brennst, deine Passion gefunden hast, gehst du automatisch in den Wettkampfmodus. Du willst weiterkommen, suchst den Vergleich, spürst die Gier, das Beste aus dir herauszuholen und das Maximum zu erreichen. Sven und ich befanden uns immer im Wettbewerb, es gab kein Stopp und kein Halt, sei es mit dem Softball im Hausflur oder mit dem Fußball auf dem Rasen. Wir sprechen immer von Leistungsgesellschaft, aus meiner Sicht sind wir eine Erfolgsgesellschaft. Nur der Sieger steht im Rampenlicht. Das hat eine Kehrseite, ganz klar. Sven und ich sind immer wieder über unsere Grenzen gegangen, haben unsere Körper ignoriert, uns geschunden, gelitten, viele Opfer gebracht – und doch nie das perfekte Spiel gekriegt, nie den Moment des Genießens erreicht: Jetzt ist es gut, jetzt bist du gut genug. Man muss wissen, wann der Moment gekommen ist, an dem der Wettbewerb seine spielerische Komponente verliert und nur noch Druck, Ignoranz und falscher Ehrgeiz vorherrschen.«

Anja Blacha: »Fechten hat mir nicht nur eine gute Beinmuskulatur beschert, von der ich heute noch profitiere. Es hat mir auch den Unterschied zwischen dem Leben vor und hinter der Maske gelehrt. Wenn man die Maske aufsetzt, darf man nicht mehr sprechen, ist voll bei der Sache, auf Gewinnen fokussiert und Gegner – man darf gegeneinander kämpfen, Treffer setzen, das Gefecht nach allen Regeln der Kunst ausfechten. Wenn man die Maske absetzt, geht man aufeinander zu, grüßt sich, gibt sich die Hand. Ganz gleich, ob man dem anderen drei blaue Flecken verpasst oder selbst drei blaue Flecken kassiert hat. Was im Gefecht passiert, passiert im Gefecht und tangiert nicht das Private. Hier Gegner, dort Freunde. Hier Sachebene, dort Beziehungsebene. Ich denke, dass es für diese wichtige Lernerfahrung kein zu früh gibt.«

MAGDALENA »Das ist wirklich interessant. Jeder bringt einen anderen Aspekt ein. Besonders die Themen ›Fairness‹ und ›Freundschaft‹ sind im Kontext Wettbewerb sehr wichtig. Meine Eltern haben mir mitgegeben, dass man seinem Gegner aufhilft, wenn er hinfällt, und den Wettkampf nie über die Freundschaft stellt. Im Profisport ist das nicht immer ganz so. Da wird schon mal auf den Ski getreten, und gerade die Trainer vom ›alten Schlag‹ haben mir als Jugendliche hin und wieder den Tipp gegeben, auf der Strecke die Ellenbogen auszufahren. Aber da ich daran glaube, dass alles, was man anderen antut, irgendwann zu einem selbst zurückkommt und ich insgesamt ein harmoniebedürftiger Mensch bin, halte ich eher wenig von diesen Methoden. Insgesamt muss man aber feststellen, dass gerade im nordischen Skisport ein sehr familiäres und freundschaftliches Miteinander herrscht. Ausnahmen gibt es natürlich überall.
Was die neuen Regelungen betrifft, bin ich zwiegespalten. Ich selbst war immer ein absoluter Wettkampftyp. Schon als Kind habe ich mich gemessen, bin mit den Jungs aus dem Dorf mit Stoppuhr um die Wette gerannt. Doch ich kann nicht von mir auf andere schließen. Nehmen wir meine Tochter: Sie spielt wahnsinnig gerne Tennis, mag das Training, liebt die Gemeinschaft, doch auf Turniere hat sie keine Lust. Ich habe längere Zeit mit mir gehadert: Bestehe ich auf die Wettkämpfe, damit

sie einfach aus ihrer Komfortzone heraustreten und vielleicht auch Niederlagen einstecken muss? Und würde es sie nicht weiterbringen, wenn sie die positiven, aber auch negativen Aspekte des Wettkampfes miterlebt? Doch ich habe mich dagegen entschieden. Sie soll Tennis ohne Wettkampfdruck spielen, nur zum Spaß. Zum einen, weil Kinder unterschiedliche Interessen und Talente haben und sich ihre Wettbewerbe selbst suchen, man muss sich nicht gegen ihren eigenen Antrieb zu einem bestimmten zwingen. Zum anderen, weil sie heutzutage schon genug Challenges zu meistern haben. Allein durch die sozialen Medien befinden sie sich in einem viel stärkeren Vergleichs- und Wettbewerbsmodus als zu meiner Zeit. Das sollten wir bei der Diskussion nicht vergessen. Die Zeiten haben sich verändert, Gewinnen und Verlieren, Erfolge und Niederlagen finden nicht nur in der Turnhalle und auf dem Sportplatz statt. Grundsätzlich bin ich ein großer Fan von Individualität. Warum also nicht Wettbewerbe wie die Bundesjugendspiele facettenreicher gestalten, damit sich auch Kinder angesprochen fühlen, die mit den drei Disziplinen nichts anfangen können. Dann erhält man ihren Charakter, Kinder sind gefordert, sich zu messen, aber eben nicht nur auf Spielfeldern, die ihnen unter Umständen gar nicht liegen. Auch für mich waren die Bundesjugendspiele eher ein Graus, weil Werfen und Springen einfach nicht meins sind.«

CHRISTOPHER »Interessant, wie differenziert du das siehst. Mehr Disziplinen wäre spannend. Mehr Spielfelder. Mehr Möglichkeiten herausfinden, wo man richtig gut ist. Aber vielleicht überhöhen wir auch die Diskussion um die Bundesjugendspiele ein wenig. In den seltensten Fällen hat dieser Wettbewerb prägenden Charakter für das Leben. Insgesamt halte ich es aber für essenziell, dass Kinder und Jugendliche genügend Räume haben, um sich mit anderen zu messen, bevor das Erwachsensein beginnt – und bitte möglichst nicht in Parallellwelten wie Instagram, sondern im echten Leben. Alleine schon, damit sie ihr eigenes Selbstbild objektivieren können. Und um zu erkennen, was alles in ihnen steckt.«

Lassen wir die Diskussion an diesem Punkt ruhen und kommen zu einem anderen: Wettkampfweltmeister versus Trainingsweltmeister.

1998, Nagano. Erstmals finden die Paralympischen Winterspiele nicht in Europa statt. Die Organisatoren erwarten 571 Behindertensportler aus 32 Nationen. Mit dabei: Gerd Schönfelder. Wenige Tage, bevor es losgeht, schwingt sich der Skirennfahrer zum Training auf die Piste. Die Bretter gleiten über den Schnee, bis er bei 120 Stundenkilometern aus der Kurve fliegt. Krankenhaus, Erstversorgung, Kernspin, Diagnose: Kreuzbandriss. »Ich erinnere mich noch gut, wie ich wie ein Häufchen Elend auf der Behandlungsliege lag. Kurz zuvor war ich als Fahnenträger bei der Eröffnungsfeier nominiert worden, jetzt ging es um meinen Heimflug.« Sein Physiotherapeut betritt das Zimmer, muntert Schönfelder auf: »Heimflug, warum? Zu Hause kümmert sich jetzt keiner um dich, wir sind zu dritt, haben Zeit und bringen dich auf Vordermann.« Schönfelder ergreift die Chance und hält sich an die Vorgaben seines Physioteams: keine Schonhaltung, sofort belasten, so normal gehen wie möglich, auch hüpfen, damit die Muskulatur nicht abbaut. Nach fünf Tagen stellt sich Schönfelder mit getaptem

»Ein Peak Performer ist ein Vorbild, das kontinuierlich nach Höchstleistung strebt – **körperlich wie mental** – und mit starken Werten andere Menschen inspiriert.«

Dardan Morina

Knie auf die Skier und testet heimlich, wie es sich anfühlt, »die Skispitze steckte gefühlt in meinem Knie«. Am Tag darauf ein zweiter Versuch und die Entscheidung, »schon besser, passt, zum Riesenslalom am nächsten Tag trete ich an«. Er pfeift auf Bedenken und Warnungen, unterschreibt eine Erklärung, dass er auf eigene Verantwortung handelt, holt beim Riesenslalom Bronze und beim Slalom Gold. Schönfelder bezeichnet sich selbst als Wettkampftyp, »zu sehen, was geht, hat mich schon immer gereizt. Und wenn es drauf ankommt, nochmal eine Schippe draufzulegen, entspricht meinem Naturell.«

> **CHRISTOPHER** »Diese Geschichte ist wirklich der Hammer. Ein Fußballer mit Kreuzbandriss fällt in der Regel für sechs Monate aus. Gerd Schönfelder steht nach wenigen Tagen auf den Skiern. Was denkt ihr, kann man diesen Kämpfergeist entwickeln, oder ist das eher Typsache?«

Zumindest die Hirnforschung zeigt: Man kann seine geistige Einstellung und damit seine geistige Power genauso trainieren wie die körperliche.

So hat man bei Londoner Taxifahrern nach ihrem Tod die Größe des sogenannten Hippocampus bestimmt, eine Struktur im Zwischenhirn, die für die räumliche Orientierung sowie für die Konzentrations- und Merkfähigkeit wichtig ist. Bei den Taxifahrern war diese Gehirnregion signifikant größer als bei Durchschnittsmenschen. Die ständige Beanspruchung, sich in einem komplizierten Straßensystem zurechtfinden zu müssen, führt im Gehirn zu Anpassungen, zu anforderungsspezifischen Umbauvorgängen.

CHRISTIAN »Ich denke nicht, dass man seinen Typus groß verändern kann. Du bist mehr oder weniger der, der du bist. Ich sehe das auch in meinem Unternehmen. Auf der einen Seite hast du Mitarbeitende, die während der Vorbereitung auf Hochtouren laufen, über ihre Grenzen hinausgehen, die perfekte Strategie entwickeln, doch in einem Pitch oder Kundengespräch sind sie komplett blockiert. Auf der anderen Seite hast du Mitarbeitende, die in der Vorbereitung eher easy unterwegs sind, sich nicht besonders anstrengen, auch nicht besonders einfallsreich sind, doch wenn es darauf ankommt, sind sie hellwach, ziehen Kunden in den Bann und Aufträge an Land. Als Unternehmer brauchst du beide Typen. Du musst nur wissen, wer zu welchem Lager gehört und sie richtig positionieren.«

MAGDALENA »Ich bin mir nicht so sicher. Der Charakter spielt gewiss eine Rolle. Doch man kann auch in vieles hineinwachsen. Wenn du mir vor 20 Jahren gesagt hättest, ich solle aus dem Stegreif einen Vortrag vor 200 Leuten halten, hätte ich mich vermutlich versteckt. Ich war nie eine Rampensau, hatte als Kind Angst vor den öffentlichen Auftritten mit meinem Musikinstrument. Auch mein erstes Rennen war eine einzige Katastrophe, ich war nervös, bin zweimal gestürzt, habe für einen einigermaßen guten Wettbewerb viel zu oft danebengeschossen und danach einen halben Tag geweint. Ich habe

»Für mich ist ein Peak Performer ein Mensch, der seinen Erfolg durch Einsatz, Passion und positive Leistungsgedanken bereits erreicht hat und dennoch bereit ist, sich **fortwährend** weiterzuentwickeln.«

Gerhard Nowak

mich lange damit beschäftigt, woran es liegt, dass ich mich im Wettkampf so durchbeißen konnte. Woher kam diese Energie, diese fast unmenschliche Kraft gerade am letzten Anstieg, auf den letzten Metern? Zum einen waren da meine Begeisterung, meine Motivation und mein unbändiger Wille, gewinnen und nicht verlieren zu wollen – ich war eine ziemlich schlechte Verliererin. Zum anderen war da dieses Gefühl, das in mir auf der Strecke entstand. Ich fühlte mich wie eine Raubkatze auf Verfolgungsjagd. Wie eine Gepardin, die sich an die Fersen einer Antilope heftet und sich denkt: Die da vorne, die pack ich mir. Weil ich weiß, dass ich ein paar Stundenkilometer schneller bin. Dieses Wissen hat mir ein Schmunzeln aufs Gesicht gezaubert und mich durchs Rennen getragen. Anfangs habe ich die Gepardin bewusst visualisiert, später tauchte ihre Energie automatisch auf. Aber nur wenn ich es wirklich wollte. Bei Trainingswettläufen, auf die ich keine Lust hatte oder deren Sinn ich nicht erkennen wollte, blieb mein Krafttier faul in der Ecke liegen. Statt 120 gab es nur 80 Prozent.«

CHRISTOPHER »Spätestens hier sollten wir zu der Skirennläuferin Michaela Kirchgasser blicken, die ewige Trainingsweltmeisterin, die sich zur Wettkampfweltmeisterin weiterentwickelte.«

Nichts ist unmöglich. Wenn du an dich selbst glaubst. Wenn andere an dich glauben. Erdung verleiht Flügel.

Im Team ist Michaela Kirchgasser immer mit den Besten der Besten zusammen. Alexandra Meisnitzer, Michaela Dorfmeister, Marlies Schild. Eine große Ehre. Ein Aufschauen. Aber auch ein ständiges Beobachten und Vergleichen: Was machen meine Mitstreiterinnen anders als ich, wie ernähren sie sich, wie trainieren sie, wann gehen sie zu Bett, kann ich es ihnen gleichtun oder sogar besser? Im Training kann Kirchgasser mithalten, ist genauso schnell. Doch bei Rennen liegt sie drei bis sechs Sekunden hinter ihren Teamkolleginnen und damit »eine Galaxie weit entfernt«. Auch bei den Olympischen Spielen 2010 in Vancouver das gleiche Spiel, im Training kann sie ihre Leistung abrufen, im Rennen nicht. Das Ergebnis aus ihrer Sicht fatal: Kombi ausgeschieden. Slalom ausgeschieden. Riesenslalom 15. Platz. »Zurück in meinem Zimmer treffe ich die Entscheidung: Ich kann es nicht, ich hab's nicht drauf, ich höre auf.« Kirchgasser gibt ihren Trainern Bescheid. Fliegt nach Hause. Gibt ihren Eltern Bescheid. Weint. Die Mutter reagiert gelassen: »Okay, wenn du aufhören willst, hörst du auf, deine Entscheidung, aber kannst du bitte einkaufen gehen, hier der Einkaufszettel.« Kirchgasser marschiert los, betritt das Lebensmittelgeschäft in ihrem Heimatdorf Filzmoos. Was dann im Gespräch mit einer Frau aus dem Ort passiert, bezeichnet sie heute als jenen Kernmoment, der ihre Karriere veränderte.

»Michi, na schön, dass du wieder da bist, bist wieder gesund heimgekommen.«
»Ja, danke.«
»Na, eh gut, bist dabei gewesen.«
»Ja, aber mehr auch nicht.«
»Dabeisein ist alles.«
»Das kannst du dir bei uns in die Haare schmieren, das interessiert keinen, ich glaube, ich lass es.«

»Ein Peak Performer
ist bereit, sich auf
Neues einzulassen
und Rückschläge
zu meistern, um
gemeinsam im
Team voranzukommen
und **miteinander**
etwas zu bewegen.«

Alexander Penzkofer

»Ja, Michi, tue, was dich glücklich macht. Aber bei uns ist es egal, ob du die Skifahrerin bist oder nicht, bei uns bist du die Michi.«

Kirchgasser wird klar: Ich kann aufhören, anderen nachzueifern. Danach wurde alles leichter. Erfolge stellten sich ein. Heute performt sie als Moderatorin in der Fußballberichterstattung bei Servus TV. Kirchgasser hat ihren Wettkampfmodus gefunden, eine perfekte Balance zwischen Angriffslust und Bei-sich-selbst-bleiben.

CHRISTOPHER »Das führt mich gedanklich in die Unternehmenswelt und zu unserem Inside-out-Prinzip, mit dem wir Organisationen und Personen strategisch positionieren. Bei Outside-in geht dein Blick nach außen, du bist nur damit beschäftigt, was die anderen machen, und versuchst an sie heranzukommen oder gar zu überholen, koste, was es wolle. Ob die Angriffsstrategie zu den Kernwerten und Kernstärken der Organisation passt, ist zweitrangig, Hauptsache gewinnen. Bei Inside-out geht dein Blick immer erst nach innen, wer bin ich, was macht mich im Kern aus, in welche Richtung will ich mich weiterentwickeln, wie kann ich mich differenzieren, was kann ich im Best Case erreichen – immer unter der Prämisse, mir selbst treu zu bleiben. Im Wettbewerb trittst du nicht mehr gegen andere an, sondern gegen das beste Ich, das du dir vorstellen kannst. Für mich ist das der Ausweg aus dem Wettbewerbsdilemma: Selbstentfaltung. Relevant ist am Ende nicht die Platzierung, sondern die Performance gemessen am eigenen Potenzial. Wobei das nicht bedeutet, dass man mit seiner Wahrnehmung gar nicht mehr im Außen sein sollte. Man braucht den Vergleich, die Gegnerschaft, die Rivalität, um von der Inspiration zur Aspiration zu kommen.«

CHRISTIAN »Diese Neudefinition von Wettbewerb ist deswegen wichtig, weil sich die Anzahl der Wettbewerber, die Anforderungen und die Rahmenbedingungen stark geändert haben. Du musst dich auf dich selbst besinnen und intern challengen, damit du beim externen Wettbewerb überhaupt noch eine Chance hast und für Kunden, aber auch Mitbewerber interessant bleibst. Viele Probleme lassen sich heute aufgrund ihrer Komplexität nicht mehr im Alleingang lösen, es braucht die Kooperation, den Schulterschluss mit Spezialisten ihres Fachs. Ich merke das allein an der Zahl unserer Partnerunternehmen. Früher haben wir mit fünf Unternehmen zusammengearbeitet und das auch nur in absoluten Ausnahmefällen. Heute kooperieren wir regelmäßig mit 80 Firmen, und es ist völlig normal, dass wir auch Pitches mal mit den einen, mal mit den anderen gemeinsam bestreiten. Das hat Auswirkungen auf das Miteinander: Die Zeiten des aggressiven Wettbewerbs, mit Ellbogen ausfahren und Steine in den Weg legen, sind vorbei. Für uns kleine Unternehmen liegt in dieser Entwicklung eine große Chance. Wir sind agil, immer auf der Höhe der Zeit, machen durch unsere Eigenständigkeit oftmals den Unterschied aus. Deswegen sehe ich Übernahmen von Start-ups oder kleinen Firmen eher kritisch, sie werden in feste Strukturen einverleibt und verlieren dadurch genau das, was sie eigentlich auszeichnet und die Wirtschaft braucht.«

CHRISTOPHER: »Wettbewerb next level. Da fällt mir ein Unternehmen ein, für das ich vor einigen Jahre gearbeitet habe. Ein Familienunternehmen in vierter Generation aus der Baubranche. Der heutige Geschäftsführer duellierte sich in den 1990er-Jahren mit einem Wettbewerber. Gut zehn Jahre versuchten beide Unternehmen, sich in einem erbitterten Kampf gegenseitig Marktanteile abzujagen. Bis der Familienunternehmer sich die Frage stellt, warum nicht eine ernsthafte Verbindung eingehen. Aus meiner Sicht ist den beiden ein Zusammenschluss gelungen, der mehr ist als eine normale Fusion. Keiner ordnete sich dem anderen unter. Sie gründeten auf Augenhöhe ein gemeinsames Unternehmen, das beide Namen trägt. Für ein Familienunternehmen ist das eine krasse Entscheidung, plötzlich trägt dein 120 Jahre altes Unternehmen einen Doppelnamen, eine Ära geht zu Ende. Doch dafür eröffneten sich für beide neue Horizonte.«

Bevor wir unser Fazit ziehen, hören wir kurz noch den beiden Rennrodlern Tobias Arlt und Tobias Wendl zu.

»Als wir von den Junioren zu den Senioren wechselten, haben wir Alexander Resch und Patric Leitner sowie André Florschütz und Torsten Wustlich gebraucht, um zu wachsen und besser werden zu können. Im Vordergrund stand der Wettbewerb untereinander, jeder wollte dem anderen davonfahren. Das war auch so, als Toni Eggert und Sascha Benecken ins deutsche Team kamen – wir haben uns mit Argusaugen beäugt, von Teamspirit war wenig zu spüren. Im Grunde waren es die Österreicher und Italiener, die uns gezeigt haben, dass es auch anders geht. Die Teams eines Landes haben miteinander gearbeitet und sich durch Kooperation stärker gepusht als durch Konkurrenz. Seit eineinhalb Jahren ziehen Eggert/Benecken und wir uns ebenfalls gegenseitig hoch, wir telefonieren, tauschen uns aus, teilen uns bei Wettkämpfen auch mal die Bude, gönnen uns gegenseitig unseren Erfolg. Es hat etwas mit der Zeit zu tun, in der wir leben, aber auch mit dem Alter. Tobias und ich sind erwachsener, menschlicher, nicht mehr so verbissen, nicht mehr so verkopft. Und: In unserem Leben gibt es nicht mehr nur Sport. Wir haben Partner, gesunde Kinder, sichere Jobs – all das macht gelassener. In den Vordergrund rücken Spaß, Dankbarkeit und die Frage: Was zählt im Leben wirklich?«

Was heißt heute Wettbewerb? Wir nennen es Peak Performance Management.

Wettbewerb ist Ansporn und Fessel zugleich.

Um bestehen zu können, aktualisieren wir unvoreingenommen und permanent unsere Leistungsfähigkeit und Wettbewerbsbereitschaft. Stimmen meine Zuordnungen von Freund und Feind, Mitstreiter und Konkurrent? Oder gehören sie zu einer Zeit, die keinen Bestand mehr hat? Wir leben vor allem intensiv im Augenblick statt nur in der Vergangenheit oder nur in der Zukunft. Und haben stets uns selbst im Blick. Denn wir wissen, der beste Wettbewerber ist mein bestes Ich. Beim Überholen achten wir auf unsere Ressourcen und können stets beurteilen: Kann ich eine Schippe drauflegen, oder geht mir während des Überholmanövers der Saft aus?

»Die außergewöhnliche Fähigkeit von Peak Performern, ihr volles Potenzial zu nutzen, motiviert mich, **von ihnen zu lernen** und mein eigenes Leben in ähnlicher Weise zu gestalten.«

Franz Rebl

Der amerikanische Systemforscher Karl E. Weick schreibt: »Um in einer immer komplexer werdenden Welt auf Dauer für Spitzenleistungen zu sorgen, muss man in der Lage sein, unerwartete Bedrohungen, die eskalieren und außer Kontrolle geraten könnten, erfolgreich zu bewältigen.« Aber niemals um den Preis, selbst zu verbrennen.

Peak Performer sind Wettbewerbsartisten im Management von Unschärfe, Ungewissheit, Chancen, Risiken und eigene Ressourcen.

Leistungsantrieb: Schubkraft von innen und außen oder die einzigartige Suche nach dem eigenen Gipfel

Kapitel 6

Januar 2007. Ein großer Tag. Bernard Krone übernimmt offiziell die Geschäftsführung des Unternehmens, das sein Vater, Urgroßvater und Ururgroßvater aufgebaut und weiterentwickelt haben. Dass es einmal so kommen würde, stand für ihn schon fest, als er ein kleiner Junge war. Wie oft sind seine Kumpels und er in die Werkshalle geschlichen? Stromerten herum, versteckten sich vor dem Werksmeister, hängten sich mit dem Gürtel an den Kran, um sich bis unters Dach ziehen zu lassen.

Das Unternehmen mit den großen Landmaschinen als großer Abenteuerspielplatz. »Manche denken, als einziger Sohn hätte ich keine andere Wahl gehabt, doch das ist Quatsch. Mein Vater hat es mir freigestellt, immer gesagt: Du kannst, musst aber nicht, Hauptsache du bist glücklich und findest eine Lebensaufgabe, die dir Spaß macht. Durch seine Art hat er Unternehmertum als etwas Schönes, etwas Besonderes vorgelebt. Er hat sich nie beschwert, nie gezaudert und schon gar keine Probleme an den Abendbrottisch gebracht, höchstens spannende Geschichten. Ich habe mich da immer gesehen.«

Ein Unternehmen in die vierte Generation zu führen mag Antrieb genug sein. Bewahren, was Vorfahren geschaffen haben. Doch wenn Krone darüber nachdenkt, was ihn im Leben pusht, ist da noch etwas anderes. In der Schule war er nie besonders gut. »Ich habe mich mit Ach und Krach durch die Wirtschaftsschule gequält, tausend Sachen waren interessanter, erst Fußball, dann Clique und Mädchen.« In seiner Ausbildung zum Industriemechaniker merkt er, dass es nicht egal ist, ob er seinen Stoff beherrscht und seinen Job gut macht, selbst als Azubi kann er »Dinge einen Tick besser machen«. Also hockt er sich über seine Bücher, lernt nicht wie zu Schulzeiten um seinetwillen, »um etwas bessere Noten in meinem Zeugnis stehen zu haben, das hat mich nicht interessiert«, sondern für seine Kollegen, seinen Chef, den Betrieb, einen gemeinsamen Erfolg. »Das hat mich massiv motiviert und motiviert mich auch heute noch sehr. Im Team einen Beitrag leisten für ein größeres Ganzes.«

CHRISTIAN »Kann ich gut nachvollziehen. Bei mir ist es ähnlich. Ich gehöre nicht zu den Menschen, die sich in ein Detail verlieben und unbedingt wissen wollen, wie die letzte Schraube in einer Maschine funktioniert. Ich bin Generalist. Mein Antrieb ist es, Menschen zusammenzubringen, die Ahnung von ihrem Fachgebiet haben. Um dann gemeinsam etwas Größeres, Ganzes, Echtes zu schaffen, das auch unabhängig von meiner täglichen Arbeitskraft bestehen kann. Insofern war es für mich nach meiner Festanstellung nie eine Option, als Freiberufler auf eigene Rechnung zu arbeiten, um dann nach Auftrag X die Tür von meinem Büro für immer zu schließen. Bestand und Beständigkeit sind für mich zwei zentrale Punkte.«

MAGDALENA »Spannend, weil doch sehr unterschiedlich zu meinem Antrieb. Ich erinnere mich noch ziemlich genau: Es war an meinem elften Geburtstag, ich durfte vor der Schule die Olympischen Winterspiele 1996 im Fernsehen anschauen. Die Biathletin Uschi Disl holte Bronze. Sie strahlte, und auch meine Eltern feierten ihren Erfolg. Da habe ich zum ersten Mal gespürt, wie toll es ist, bei Olympia dabei zu sein, und welche Emotionen mein geliebter Sport auslösen kann. Beim Sportler, aber auch bei den Zuschauern. In meiner kindlichen

Naivität habe ich beschlossen: Dieses Gefühl will ich auch erleben. Das war über all die Jahre mein Antrieb, mein Ziel. Als ich 14 Jahre später tatsächlich bei den Olympischen Winterspielen antrat, wollte ich nicht mehr nur für mich Gold holen, sondern auch für meine Eltern. Ich sah nach all den Jahren der Unterstützung Olympia 2010 als Gemeinschaftsprojekt an. Es war mir wichtig, dass sie mitfahren und wir die Spiele gemeinsam erleben können. Und bei dir, Christopher, was ist dein Antrieb?«

CHRISTOPHER »Ich kannte in meinen 20er-, beginnenden 30er-Jahren nur ein Ziel: Ich wollte mein eigenes Potenzial ausschöpfen, alles aus mir rausholen. Etwas Außergewöhnliches schaffen. Heute glaube ich zu wissen, woher das kommt. Meine Vorfahren setzen sich so gut wie ausschließlich aus Arbeitern und Bürgermeistern zusammen. Arbeit und Verantwortung. Das war und ist meine DNA. Diesem Ziel habe ich alles andere untergeordnet. Vielleicht etwas übertrieben. Ich weiß noch, wie ich mit Anfang 20 zweimal die Woche in der Freizeit zu einem Schreibmaschinenkurs und einen Kurs in Business English gefahren bin, weil ich wusste, dass ich da schwach auf der Brust war. Mit 24 war ich plötzlich Marketingleiter und Chef von acht Leuten, unter denen selbst der Praktikant drei Jahre älter war als ich – zum Glück wusste er das nicht. Das war der beste Entwicklungsbooster, den man sich vorstellen kann und ganz nach meinem Geschmack: auf einem Level zu spielen, das andere normalerweise mit 35 oder 40 erreichen. Dahinter steckte sicherlich eine gute Portion Rebellion ge-

»Wenn **Leistungs-bereitschaft** und **Zielstrebigkeit** auf **Ehrlichkeit** und **Hilfsbereit-schaft** treffen, wird daraus Peak Performance.«

Franz Reps

gen den Glaubenssatz, mit dem ich aufgewachsen bin: ›Wer hoch hinaus will, wird tief fallen.‹ Auch heute suche ich nach Momenten, in denen es einen Unterschied macht, ob ich da bin oder nicht. Doch im Gegensatz zu früher geht es mir nicht mehr so sehr um mein persönliches Fortkommen und meine Entwicklung. Vielmehr will ich auf gesellschaftlicher Ebene einen möglichst großen, positiven Fußabdruck hinterlassen. Ich will andere befähigen, einen Unterschied zu machen. Das ist der Grund, warum ich mit euch zusammen die Peak Performer Stiftung vorantreibe. Mit unserem Engagement für Kinder und Jugendliche können wir zusammen einen Unterschied machen. Wir setzen mit unseren Camps Impulse, damit Kinder Spaß haben, etwas aus eigener Kraft zu erreichen – so dass sich unsere Gesellschaft hoffentlich auch übermorgen noch etwas leisten kann.«

Was Menschen antreibt, kann unterschiedlich sein. Und doch gibt es Überschneidungen.

Lassen wir an dieser Stelle alle anderen Peak Performer zu Wort kommen:

Tobias Arlt und Tobias Wendl: »Wir waren schon als Kinder viel draußen, haben uns ständig bewegt. Natürlich wollen wir auch besser werden und gewinnen. Aber unser größter Antrieb, der uns immer wieder in den Eiskanal treibt, ist unser Spaß an der Bewegung und unsere Liebe zu unserem Sport.«

Anja Blacha: »Das Leben ist da, um gelebt zu werden, es macht einfach Spaß, neue Dinge zu entdecken, und es ist einfach nur unglaublich, was man alles erleben kann, wenn man seine Zeit richtig zu nutzen weiß. Eigentlich steckt Neugier in uns allen, nur leider verlieren viele Menschen diesen Reiz im Laufe ihres Lebens.«

Lars und Sven Bender: »Alle Kinder haben eine innere Freude, wissen intuitiv, was ihnen gefällt und was ihnen nicht gefällt. Wir hatten das Glück, dass uns niemand diese Freude genommen hat beziehungsweise nehmen konnte. Für uns gab es keinen Plan B, Fußball allein war unser Antrieb – und der Wille, wenigstens einmal in unserem Leben das perfekte Spiel zu spielen.«

Benedikt Böhm: »Ich finde es einfach großartig zu sehen, was in mir steckt. Leistung setzt sich aus so vielen Dingen zusammen. Talent spielt sicherlich eine Rolle, doch gleich danach kommen Technik, Taktik, Willenskraft, Disziplin – an all diesen Stellschrauben kannst du eigenmächtig, selbstwirksam drehen und in Folge eine Leidenschaft entwickeln, für die du auch bereit bist, im wahrsten Sinne des Wortes zu leiden.«

Bernhard Fragner: »Inzwischen weiß ich, dass es letztlich um Anerkennung geht, die ich durch meinen Vater nicht bekommen habe. Ich sehe das nicht negativ, sondern als Antriebsfeder, immer wieder neue Standards zu setzen – und über das Lob vonseiten meiner Kunden das Defizit auszugleichen, das sich in jungen Jahren aufgebaut hat.«

Thomas Huber: »Zum einen ist da dieser enorme Spaß, der mir das Klettern immer noch bereitet, in den Bergen spüre ich intensiv das Leben, es ist eine Welt, deren Sprache ich gelernt habe und beherrsche. Zum anderen ist da aber auch diese Dankbarkeit, durch den Sport so sein zu können, wie ich bin: wild, rebellisch, manchmal immer noch so verrückt wie als kleiner Junge. Dieses Leben so leben zu dürfen empfinde ich als absolutes Privileg, und es lässt mich weiterklettern.«

Michaela Kirchgasser: »Es gab für mich nie etwas anderes, als Skirennfahrerin zu werden. Solange ich denken kann, ist dieser Wunsch in mir verankert. Ich hatte keinen Plan B. Insofern war mein Antrieb, diesen Lebenstraum in Erfüllung gehen zu lassen.«

Dominik Klein: »Ich will nicht wissen, was ich kann. Ich will wissen, was ich nicht kann. Denn wenn ich es schaffe, etwas aus eigener Kraft zu erlernen, erlebe ich Selbstwirksamkeit. Dieses Gefühl motiviert mich ungemein, ich suche danach. Insofern ist nach der Herausforderung vor der Herausforderung.«

Alexander Penzkofer: »Wenn ich in einer Sache Potenzial sehe, treibe ich sie so lange an, bis sie läuft. Danach halte ich Ausschau nach etwas Neuem. Ich kann nicht genau sagen, woher dieser Drang kommt. Er ist einfach da. Ich will Bestehendes verbessern, optimieren, auf ein neues Level heben.«

Gerd Schönfelder: »Ich war schon immer ein Wettkampftyp. Das hat mir sicherlich geholfen, nach meinem Unfall schnell wieder auf die Beine zu kommen. Doch was mich noch stärker antreibt, ist einerseits die Dankbarkeit, überhaupt noch leben zu dürfen. Und andererseits der Wille, nicht behindert, nicht abhängig von anderen Menschen zu sein.«

»Peak Performance funktioniert nur, wenn ein Mensch den nötigen **Willen**, die nötige **Geduld** und die nötige **Selbstdisziplin** aufbringt.«

Raimund Russwurm

Matthias Steiner: »Es hat lange gedauert, bis man mich als Gewichtheber wahrgenommen hat. Ich war netter Nachwuchs, mehr nicht. Als ich dann gesehen wurde und Anerkennung für meine Leistung erhielt, wollte ich das nächste Mal noch mehr zeigen. Gesehen-werden-wollen und Anerkennung sind schon zentral für meinen Antrieb. Das hat auch etwas mit meinem Vater zu tun, in den ersten Jahren interessierte er sich nicht für mein Training und meine Wettkämpfe, obwohl er den Sport in seiner Freizeit selbst betrieben hat.«

CHRISTIAN »Ich finde es ziemlich spannend, die Unterschiede und Gemeinsamkeiten zu sehen. Als Unternehmer bin ich gefordert, den Antriebsnerv meiner Mitarbeitenden zu treffen. In Führungskreisen diskutieren wir regelmäßig: Wer hat welchen Antrieb, wem können wir welche Aufgabe geben? Die einen arbeiten sich innerhalb von drei Tagen in ein neues Themengebiet ein, sie lechzen nach immer Neuem. Die anderen treibt es in die erste Reihe, sie wollen Verantwortung übernehmen, mitentscheiden, gesehen werden. Und dann gibt es noch die dritte Gruppe: Sie wollen wissen, welche Aufgaben sie heute und welche Aufgaben sie morgen zu erledigen haben, sie brauchen Struktur und Stabilität. Darauf zu achten ist aus meiner Sicht wichtiger, als auf Abschluss, Know-how und Erfahrung zu blicken. Das bedeutet: Wir suchen nicht per Stellenausschreibung passende Mitarbeiter, wir suchen für Bewerber die passende Stelle. Denn nur wenn das Setting passt und der Mensch gemäß seinem Antrieb agieren kann, wirft er sein Können in die Waagschale und eignet sich fehlendes Wissen eigenständig an. Für mich bedeutet das keine große Anstrengung, mir hat es immer Spaß gemacht, das Beste aus Menschen herauszuholen. Als ich als Jugendlicher Fußball gespielt habe, hat mein Trainer zu mir gesagt: ›Du spielst nicht, weil du gut bist. Du spielst, weil du die anderen besser machen willst.‹ Das setzt jedoch voraus, dass Menschen sich von dem Zerrbild verabschieden, dass sie alles gleichermaßen gut zu können haben, und gemäß ihren Stärken auf einem Spielfeld die richtige Position beziehen. Im Bewerbungsprozess merke ich jedoch, dass die wenigsten offen, ehrlich und selbstbewusst sagen können: Das kann ich, das kann ich nicht. Viele sind sich ihres Antriebs auch nicht bewusst.«

CHRISTOPHER »Das fällt mir auch auf. Wenn ich über Antrieb spreche, fragen mich Menschen, wie sie ihren Antrieb finden können. Ich denke, es fängt damit an, die richtigen Fragen zu stellen. Beispiel: Woran mache ich fest, ob ein Tag ein gelungener Tag war? Wobei vergesse ich die Zeit und bin einfach nur in meinem Element? Aber auch: Was lässt mich völlig kalt? Über das Thema Geld hat tatsächlich nur Matthias Steiner gesprochen. Es ist für ihn der Anti-Antrieb schlechthin. Bei einem Bundesligafinale hat ihm der Präsident eines gegnerischen Vereins einmal eine Stange Geld geboten, damit er absichtlich verliert. Steiner hat ihn abblitzen lassen und auf der Bühne eine Last gestoßen, die er zuvor noch nie geschafft hatte. Geld hat ihn, wie er sagt, ›keinen Zentimeter weitergebracht‹.«

»Ein Peak Performer sollte durch sein Tun junge Menschen motivieren, ihre Leidenschaften zu entdecken und ihre Träume zu verfolgen. Er zeigt, dass Erfolg zwingend auf **positiver Lebenseinstellung** basiert.«

Gerd Schönfelder

Blicken wir etwas grundsätzlicher auf das Thema und gehen einen Schritt weiter.

Für den Psychologen Hans-Georg Häusel steuern drei große Motiv- und Antriebsysteme das menschliche Verhalten. Die »Balance-Instruktion ist ein Programm, das uns anhält, Gefahren zu vermeiden, Gewohnheiten aufzubauen, uns nicht zu verausgaben und Geborgenheit in der Familie oder bei Freunden zu suchen«. Wer überwiegend davon gesteuert wird, sehnt sich nach Sicherheit im Privaten wie im Beruflichen: langlebige Partnerschaften, sicherer Arbeitsplatz mit geregelten Abläufen und Arbeitszeiten. Ganz anders funktioniert die »Stimulanz-Instruktion. Sie hält uns dazu an, Neues zu entdecken, Unbekanntes zu erforschen, nach Abwechslung zu suchen«. Dieser Mensch braucht Abwechslung, Dynamik, immer wieder neue Herausforderungen. Der dritte Einfluss ist die »Dominanz-Instruktion. Sie drängt uns dazu, besser zu sein als andere, nach oben zu streben, den eigenen Vorteil wahrzunehmen, Ideen durchzusetzen, unsere Macht und unser Territorium zu erweitern.« Dieser Mensch will in Führung gehen, benötigt Autonomie und Verantwortung. Insgesamt definieren diese drei grundlegenden Einflüsse das sogenannte limbische System. Alle drei Motivsysteme kommen bei jedem Menschen in unterschiedlicher Ausprägung vor.

Peak Performer sind anfänglich stark von der Dominanz- und Stimulanz-Instruktion geprägt. Das ist gut und wichtig, um die entsprechenden Höchstleistungen zu erreichen. Doch mit der Zeit tritt Balancierung ein.

Werte und Sichtachsen verschieben sich, es geht um die Suche nach einem neuen Maß, das sich nicht mehr nur an den eigenen Bedürfnissen orientiert. Blicken wir zu Benedikt Böhm.

Vor 20 Jahren war sein Antrieb rein körperlicher und geistiger Natur. »Ich war regelrecht besessen, mich immer wieder neu herauszufordern. Was packt mein Körper, was packt mein Geist? Alles andere habe ich ausgeblendet. Wenn ich beispielsweise nach Nepal geflogen bin, gab es für mich nur Basecamp, Gipfel, Rekord.«

Auch heute braucht der Extremsportler viele Bälle in der Luft, damit es ihm gut geht. »Doch ich werde insgesamt ruhiger. Ich will ein guter Vater sein und wenigstens die Wochenenden mit meinen drei Kindern verbringen – das klappt immer öfter, aber es gibt schon noch krasse Ausreißer wie im Tierpark Aurach im vergangenen Jahr. Wir sind so langsam zwischen den Hirschen und Rehen umhergeschlurft, dass mein Puls unter 40 absackte und meine Sportuhr Alarm schlug. Ich bin fast ausgeflippt.«

Bei seinen sportlichen Aktionen hat Böhm ebenso umgeschwenkt: »Ich muss mir nichts mehr beweisen und suche nach dem Higher Purpose: Was will ich mit meinen Aktionen bezwecken, was bewirken? Wenn ich heute nach Nepal fliege, nehme ich mir Zeit, spreche mit den Menschen vor Ort, versuche zu verstehen, wo die Probleme in puncto Naturschutz liegen und wie ich mich engagieren kann. Es ist unsere verdammte Aufgabe, dafür zu sorgen, dass auch unsere Kinder und Enkelkinder die Welt so sehen können, wie wir sie gesehen haben. Ich würde sagen, dass sich mein Antrieb heute zunehmend aus dem Gefühl von Demut und Dankbarkeit speist. Dankbarkeit für das Leben, das ich leben durfte und leben darf.«

MAGDALENA »Bei Dankbarkeit gehe ich total mit. Ich habe so viel im meinem Leben bekommen, dass ich mich nur glücklich schätzen kann. Dadurch stehe ich heute an einem Punkt in meinem Leben, an dem ich in der Lage bin, vollumfänglich zurückzugeben. Ich würde schon sagen: Mein Antrieb hat sich gedreht, vor allem seit ich Mama bin. Mein zentrales Ziel ist es, dass meine Kinder ein schönes Aufwachsen in einem liebevollen Elternhaus haben. Damit sie später einmal sagen können: Ich hatte eine tolle Kindheit und einen guten Draht zu meinen Eltern. Ich bin jedoch überzeugt, dass dieses In-Balance-Kommen nicht von selbst geschieht. Zack, auf einmal hat sich der Antrieb geändert. Es ist eine bewusste Entscheidung, die man trifft, weil man sich der Konsequenzen bewusst wird: Was passiert, wenn ich weiterhin nur auf ein Motiv- oder Antriebssystem setze, wie Hans-Georg Häusel sagt. Wäre ich bereit, den Preis dafür zu bezahlen? Vermutlich ist dieser Prozess auch nie abgeschlossen, es ist ein ständiger Aushandlungsprozess mit sich selbst, mit seinen Nächsten, mit dem Leben.«

Schauen wir uns ein zweites Modell an. Nahe an Häusel dran und doch mit zwei wichtigen Aspekten on top.

Die Rede ist von Paul R. Lawrence und Nitin Nohria mit ihrem Driven-Konzept. Die beiden Professoren für Organisationsverhalten an der Harvard Business School gingen der fundamentalen Frage nach: Was treibt Menschen im Grunde ihres Wesens an? Für sie gibt es nicht drei, sondern vier Motivationskräfte. Den Drang, möglichst viele ma-

»Ein Peak Performer ist ein **Menschenfreund**, der Lust auf Leistung hat, gerne Verantwortung übernimmt, Grenzen auslotet und es liebt, andere mit seiner Begeisterung anzustecken.«

Peter Schröttle

terielle und immaterielle Dinge zu erwerben beziehungsweise zu erleben (Erwerbstrieb). Das Bedürfnis, langfristige Beziehungen einzugehen, die sich durch gegenseitiges Interesse und Engagement auszeichnen (Bindungstrieb). Den Wunsch, zu lernen und seine Neugier zu befriedigen, nicht zuletzt, um die Welt und sich selbst besser zu verstehen (Lerntrieb). Und den Willen, sich selbst, seine Nächsten, seine Überzeugungen, Werte und seinen Besitz vor Schaden zu bewahren (Verteidigungstrieb).

Für Lawrence und Nohria sind diese vier Antriebe die Grundpfeiler in den Denk- und Handlungsgerüsten der Menschheit. Sie waren und sind immer und überall anzutreffen. In allen Kulturen. Kurzum, sie sind angeboren und allgemeingültig. Universell. Hinzu kommt: Der Mensch ist *immer auf der Suche* nach einer guten Methode, alle vier Grundtriebe unter einen Hut zu bringen. Doch situationsbezogen oder phasenweise *entscheidet* er sich, welchem Trieb er den Vorrang gibt. »Der Konflikt wird gelöst durch den intentionalen Willensakt, der zu einer Handlung führt, die wiederum von den relevanten Trieben angespornt wird.«

Der freie Wille, im besten Sinne.

Bleibt die Frage: Wie lässt sich diese eine Sache finden, für die man einen seiner Antriebe so gezielt nutzen kann, dass tatsächlich eine Peak Performance herauskommt? Wie kam eine Michaela Kirchgasser zum Skirennfahren, ein Thomas Huber zum Klettern, ein Dominik Klein zum Handball oder ein Matthias Steiner zum Gewichtheben? Ist es Zufall? Fügung? Der Hauptgewinn in der Lotterie des Lebens? Wir haben keine eindeutige Antwort. Was wir jedoch unisono herausgehört haben: Es hat etwas mit Neugier, Mut, Ehrlichkeit sich selbst und anderen gegenüber zu tun: Was macht mir Spaß, will ich überhaupt Gipfel erklimmen, bin ich bereit, dafür Opfer zu bringen, und wenn ja, wie groß dürfen sie sein? Auch die Fähigkeit auszublenden, was den eigenen Antrieb gefährdet, spielt eine Rolle: Bedenken, negative Kommentare, Entmutigungen, Neid. Und, passend dazu im Umkehrschluss: das positive Umfeld, das einen stärkt.

Im Leben von Peak Performern gibt es in den allermeisten Fällen mindestens einen Menschen, der initial ihr Talent entdeckt, an sie geglaubt, ihnen den Weg gewiesen oder die Chance gegeben hat, ihre Passion zu finden und sie zu leben.

Mal ist es die Mutter.

Michaela Kirchgasser: »In der Volksschule habe ich in mein Religionsheft geschrieben: ›Ich will Skirennfahrerin werden, darf aber nicht, weil es zu teuer ist.‹ Meine Mutter hat das Heft auf meinem Schreibtisch gefunden und mich am selben Tag im Skiinternat angemeldet. Um mich zu unterstützen, nahm sie die Trennung von ihrer zehnjährigen Tochter in Kauf. Erst viele Jahre später hat sie mir erzählt, wie sie am Tag der Einschulung zurück im Auto erstmal geweint hat. Heute, als Mama eines Sohnes, kann ich ihren damaligen Schmerz und ihre Eifersucht zu hundert Prozent nachempfinden. Am Wochenende habe ich freudestrahlend von meiner Erzieherin erzählt: Sie ist so toll, du bist so streng. Insofern: Meine Mutter hat einen Mörderjob gemacht! Auch weil sie es geschafft hat, für einen gerechten Ausgleich unter uns Geschwistern zu sorgen. Weder meine große Schwester noch mein kleiner Bruder fühlten sich je benachteiligt, jeder konnte sich darauf verlassen, dass er dasselbe bekommt, wenn vielleicht auch nicht zur selben Zeit.«

Mal ist es der Vater.

Thomas Huber: »Du brauchst nicht zu glauben, dass wir als Kinder gerne in die Berge gegangen sind. Das Bergsteigen war erstmal eine Katastrophe, ständig haben wir unseren Vater gefragt: Wie weit ist es noch? Doch mein Vater ist drangeblieben und hat verstanden, nach und nach die Tür zu einer ganz eigenen Welt aufzumachen. Er hat Geschichten erzählt, uns in Felswände gestellt und zu verstehen gegeben, dass Bergsteigen eine Auseinandersetzung mit sich selbst ist, Schritt für Schritt lernt man sich besser kennen. Plötzlich war dieses In-die-Berge-gehen kein lästiges Aufwärtsgehen mehr, sondern ein Abenteuer, und unsere Augen haben geleuchtet. Für mich ist das die Kunst des Elternseins, das Feuer, das in einem selbst lodert, weiterzugeben. Fördern, nicht fordern. Das erfordert viel Geduld und viel Gefühl. Außerdem durften wir aufs Gymnasium gehen. Nicht falsch verstehen: Ich bin kein Fan davon, dass jedes Kind aufs Gymnasium gehen muss! Aber für mich bedeuteten Abitur und Studium vor allem Zeit fürs Klettern zu haben und dadurch den Grundstein für meine Profikarriere zu legen.«

Mal sind es Geschwister.

Dominik Klein: »Ich bin in einer Handballerfamilie groß geworden. Mein Papa, meine Mama, mein älterer Bruder Marcel, meine jüngere

Schwester Christin – wir alle haben diesen Sport geliebt und betrieben. Doch das größte Vorbild war sicherlich mein Bruder, ich habe ihm nachgeeifert, ich wollte so werden wie er, Jugendnationalspieler, Adler auf der Brust. Nach jedem Spiel habe ich ihn gefragt: ›Wie viele Tore hast du geworfen, wann darf ich mitspielen?‹ Als ich in die Herrenmannschaft aufstieg, hat mir mein Bruder mein allererstes Tor vorbereitet, da bekomme ich heute noch Gänsehaut und feuchte Augen. Bei der TUSPO in Obernburg, die Halle mit 800 Menschen gefüllt, der große Klein gibt dem kleinen Klein an seinem 17. Geburtstag den entscheidenden Ball. Mein Wurf geht ins Tor, alle stehen auf, klatschen. Das als Jugendlicher erleben zu dürfen war ein echtes Brett.«

Mal ist es ein Trainer.

Matthias Steiner: »Ich habe mein Talent lange Zeit nicht gesehen, fühlte mich immer schlechter als meine Mitstreiter. Vor allem meine Technik ließ zu wünschen übrig. Doch meinem Trainer Walter Legel fiel auf, dass ich stärker belastbar bin und schneller regeneriere. Er hat an mich geglaubt und mich gefördert. Tragischerweise ist er an einem Gehirntumor gestorben, als ich 17 Jahre alt war. Ich saß an seinem Sterbebett, sah, wie er vor sich hinvegetierte, mit seinem Tod war auch meine Kindheit vorbei. Ich verspürte eine starke Wut und den Wunsch: Für Walter mache ich weiter, ich schaffe es auf die internationale Ebene, so wie er es sich immer gewünscht hat.«

> **MAGDALENA** »Die richtigen Menschen an seiner Seite zu haben ist ein Riesenglück. Meine Eltern haben mich zum Langlaufen gebracht, weil sie selbst diesen Sport leidenschaftlich betrieben haben. Meine Freunde haben mich spontan

»Ein Peak Performer hört niemals auf, seine **positive Energie** auf dem Spielfeld des Lebens zu zeigen.«

Jörg Simon

zum Biathlontraining mitgenommen, das ich bis dahin gar nicht kannte. Meine Trainerin, eine Cousine meines Vaters, die ich schon als Kind sehr mochte, hat mich mit offenen Armen empfangen. Genauso wie das Team, in dem ich mich sofort wohlgefühlt habe. Das alles hat mir geholfen – neben dem Fakt, dass ich direkt neben einer Loipe aufwuchs –, mich auszuprobieren und zu merken: Was ich hier mache, liegt mir total, geht leicht von der Hand und macht Spaß. Als Mama setzt mich das manchmal ziemlich unter Druck und ich stelle mir Fragen: Was, wenn meinen Kindern dieses Riesenglück nicht zuteil wird? Kann ich als Mama herausfinden, welche Talente in ihnen schlummern? Hat jedes Kind ein Talent, auf dem eine besondere Leistung aufbauen kann? Und möchten meine Kinder überhaupt in einer Sache besonders gut werden – oder steckt da nicht vielmehr meine Biografie, mein Wunschdenken, mein Anspruch dahinter? Vielleicht möchten sie von Anfang an ein Leben in Balance führen. Ich denke, es gilt zu beobachten, zu entdecken, zu ermöglichen, zu bestärken, zu loben und sich in Gelassenheit zu üben. Interessant bei Anja Blacha: Sie hat ihre Passion mit 23 gefunden. 2013 kaufte sie sich für ihren Peru-Urlaub zum ersten Mal in ihrem Leben Wanderschuhe. Bis dahin hatte sie Bergsteigen nicht interessiert, sie wuchs in Bielefeld auf, im Urlaub ging es an den Strand oder in eine Stadt. Sie sagt ganz klar: Unsere Vergangenheit bestimmt nicht unsere Zukunft, man ist nie zu alt, um neue Leidenschaften zu entdecken.«

CHRISTIAN »Ich musste bei dem Wort ›Loben‹ schmunzeln. Für mich als Bayer ist das schwierig. Es ist schon etwas an dem Spruch dran: ›Nicht geschimpft ist genug gelobt.‹ Ich versuche mich diesbezüglich zu verbessern und mehr auf meine Leute zuzugehen. Aber leider kann ich nicht so gut aus meiner Haut raus, wie ich es gerne möchte. Mir hat niemand gesagt, das hast du aber gut gemacht, als Bub hast du funktioniert und den allgemeinen Erwartungen entsprochen, diese Erfahrung sitzt tief. Heute geht das nicht mehr. Lob ist wichtig und ein großer Motivationsfaktor für Menschen, vorausgesetzt, es ist ehrlich gemeint. Ich nehme mich nicht aus, auch ich werde gerne gelobt. Meine jungen Führungskräfte tun sich leichter und weisen mich darauf hin, wenn ich in mein altes Muster falle und Leistung zu wenig anerkenne. Ein Beispiel: Unsere Jahresziele für 2022 waren sportlich, wir haben sie nicht erreicht, trotzdem haben wir das zweitbeste Jahr in unserer Firmengeschichte realisiert. Nach meiner Jahresrede wurde ich von mehreren Mitarbeitenden angesprochen, dass ich die Bemühungen nicht stark genug gewürdigt hätte. Ich muss mich da an meiner eigenen Nase fassen.«

CHRISTOPHER »Loben ist ein kompliziertes Thema. Ich konnte lange kein Lob annehmen. Erst wenn ich meine Leistung selbst für außergewöhnlich halte, nehme ich Lob überhaupt ernst. Und selbst dann konzentriere ich mich eher auf das, was ich noch verbessern kann. Irgendwann hat mir mein damaliger Coach Stefan Günther gesagt: ›Sei auch mal stolz auf das Erreichte, nimm dir die Zeit, Lob anzunehmen und zu reflektieren.‹ Seitdem gehe ich bewusster mit Lob um. Anderen Menschen Wertschätzung zu vermitteln ist essenziell. Gleichzeitig glaube ich nicht, dass Bestätigung von außen ein Treiber für Entwicklung ist. Der Mensch verändert sich nicht, weil du ihm, platt gesagt, auf die Schultern klopfst und sagst: Gut gemacht. Sondern nur, weil er sich verändern will oder verändern muss. Lust oder Leid. Lob hat nicht nur positive Effekte. Der Mensch lehnt sich möglicherweise zurück und denkt sich, reicht schon, genug geleistet. Vor kurzem habe ich einen Beitrag von Johannes Kölmel gelesen, selbst Fußballer und Coach. Darin stellt er sich die Frage, warum Deutschland nur noch Platz 15 in der FIFA-Weltrangliste belegt, hinter den USA, Mexiko, der Schweiz und Marokko. Er zählt fünf Gründe auf, einer davon: Aus Angst, Talente zu verlieren oder nicht für sich zu gewinnen, schaffen die Leistungszentren ›absolute Wohlfühloasen‹, den Jungs werden hohe Gehälter gezahlt, ihnen wird alles abgenommen, sie werden mit Samthandschuhen angefasst. Die Konsequenz: Hunger, Biss, Antrieb gehen verloren. Es ist eine Gratwanderung zwischen Antrieb stärken und Antrieb abwürgen, zwischen angemessener Fürsorge und zu viel Komfort.«

CHRISTIAN »Lässt mich an gestern denken. Nach längerer Zeit war ich wieder bei einem Bewerbungsgespräch dabei. Wir haben der Uniabsolventin erzählt, was unser Unternehmen ausmacht, was uns wichtig ist und was ihre Aufgaben bei uns wären. Die einzige Frage, die sie zum Abschluss an uns hatte: ›Wie sieht das Work-Life-Balance-Konzept Ihres Unternehmens

»Integrität, Empathie und Verantwortungsbewusstsein wären für mich die wichtigsten Bausteine, aus denen sich Peak Performance zusammensetzt. Es sind Werte, die Menschen inspirieren und **positiv** beeinflussen.«

Dominic Sonnberger

aus? Ich möchte von 7 bis 9 Uhr joggen, da kann ich auf keinen Fall ins Büro kommen. Und mein Feierabend ist mir auch wichtig.‹ Das ist inzwischen keine Ausnahme mehr, ich kenne das und antworte schon mal absichtlich provokant: ›Work-Life-Balance geht für Sie noch nicht, dafür müssen Sie erst einmal gearbeitet haben.‹ An der Reaktion merke ich, ob der Mensch von seinem Mindset her zu uns passt. Fühlt er sich veräppelt oder fängt er an zu lachen? Du kannst selbstbewusst Forderungen stellen, keine Frage. Doch damit ein Unternehmen funktioniert, braucht es Austausch, Ausgleich und Flexibilität auf beiden Seiten. Man kann nicht erwarten, dass sich ein Arbeitgeber auf jeden Menschen individuell einstellt, und zugleich ein starres Work-Life-Balance-Konzept für jedermann einfordern. Zumal ich überzeugt bin: Wenn dein Antrieb stimmt, du einen spannenden Job suchst und nicht nur Geld verdienen willst, stellst du diese Frage nicht. Du organisierst dich selbst. Mal hängst du dich länger rein, mal gehst du früher nach Hause – und wenn du morgens joggen willst, dann arbeitest du danach schneller oder holst die Stunden abends rein. Deine Antriebe weisen dir den Weg, spornen dich an und sorgen für die richtige Balance. Jedenfalls ist das für mich die neue Leistungswelt, wie ich sie verstehe. Und für die ich Lust habe zu arbeiten.«

Leistungserfolg: Eigene Maßstäbe finden oder mit der Peak Performer-Formel immer vorwärts

Kapitel 7

Dezember 2020. Lars und Sven Bender steigen in den Aufzug und drücken die Taste. Dritter Stock, Pressekonferenzraum. Eigentlich wollen die beiden Fußballprofis kein Interview mehr geben. Doch Sportjournalisten haben gebeten und gedrängt, sich zum Karriereabschluss noch einmal einem Gespräch zu stellen. Kurz bevor die Tür aufgeht, schaut Lars seinen Bruder an und fragt: »Was denkst du, welche Fragen werden sie diesmal stellen? Ich sage: dieselben wie immer.« Zehn Minuten später geht es los. Erste Frage: Haben Sie Ihre Saisonziele erreicht? Zweite Frage: Wie wird es mit Leverkusen im nächsten Jahr weitergehen? Sven: »Da war uns klar: Es ist richtig, dass wir aufhören. Auf den Rasenflächen im In- und Ausland haben wir alles gegeben, sind an jedem Grashalm zwei-, dreimal vorbeigekommen.« Soll erfüllt, mehr können sie als aktive Sportler nicht tun. Und Geschichten, die über das übliche Tagesgeschäft hinausgehen oder gar das Bild des perfekten Athleten aufbrechen, will man von ihnen offenbar nicht hören. »15 Jahre kam keine einzige Frage, die darauf abzielte, uns als Menschen besser kennenzulernen. Vielleicht sogar so etwas wie menschliche Schwäche oder Zerbrechlichkeit durchschimmern zu lassen. Der Sportler hat, mal abgesehen von Muskelfaserriss und Oberschenkelzerrung, keine Sorgen zu haben. Er ist stark. Belastbar. Liefert ab.«

Auch heute, knapp drei Jahre nach ihrem Karriereende, hinterfragen die Bender-Brüder die gängige Praxis: Warum werden Sportler nicht aktiv genutzt, um Botschaften zu senden, die wichtig wären für eine Gesellschaft, die immer schwerer zwischen Fiktion und Wirklichkeit unterscheiden kann? So wenig Sein wie nötig, so viel Schein wie möglich. Sind erfolgreich nur diejenigen, die angeblich ewig strahlen?

Lars Bender: »Wir haben während unserer Spielerzeit keinen Fußballer kennengelernt, der nicht eine Geschichte zu erzählen hätte, zuweilen brutale Geschichten. Mein Bruder und ich wollten sie immer hören. Nur so lernt man sich kennen, fasst Vertrauen, nähert sich an, lernt dazu.«

Learning 1: Die Leistung eines Menschen lässt sich nur vor dem Hintergrund seines Lebens beurteilen. Welche Rahmenbedingungen sind gesetzt, welcher Support und welches Potenzial sind gegeben?

Learning 2: Kein Weg ist gerade, es gilt, sich seinen individuellen Weg durchs Dickicht des Lebens zu schlagen und eigene Maßstäbe für Erfolg zu definieren.

Bin ich gut genug wird zu einer Frage, die sich nicht mit Blick auf andere, sondern nur mit Blick auf sich selbst beantworten lässt.

Einfach ist das nicht. Es bedarf der Übung. Mitunter ein Leben lang.

Anja Blacha sieht sich heute noch als Wettkampfmensch. »Schon als Schülerin habe ich den Vergleich mit anderen gebraucht, um mich zu kalibrieren. Sei es beim Fechten in meiner Freizeit oder im Sportunterricht in der Schule. Ich wollte wissen: Was ist eine gute Sprintzeit für 100 Meter? Wie weit muss ich springen oder werfen, um eine Eins zu bekommen?« Umso schwieriger war es für sie am Anfang, keine Referenzwerte mehr zu haben. Plötzlich stand sie nach einer mehrtägigen Bergtour alleine mit ihrer Leistung da und musste selbst zu einem Urteil kommen. Ist das jetzt gut, sehr gut oder mittel? Wenn

»Für eine gesunde, resiliente Gesellschaft von morgen sollten wir Kindern spielerisch durch Vorbilder aus Sport und Wirtschaft ein gesundes Maß an Leistungsorientierung vermitteln. Peak Performance bedeutet nicht Leisten nur um des Leistens willen, sondern ist immer gepaart mit Fürsorge und **Weitblick**.«

Harald Spanbald

man über viele Tage hinweg in der Natur unterwegs ist, mache es keinen Sinn, über Zeiten oder Distanzen zu sprechen. Die Rahmenbedingungen sind von Jahr zu Jahr unterschiedlich, mal hat es viel Eis, mal versperren Steine und Geröll den Weg, mal tobt ein extremer Wind.

»Ich kann mich also nur selbst fragen: Bin ich mit meiner Leistung, die ich abgerufen habe, zufrieden? Habe ich angesichts der äußeren Umstände das richtige Maß gegeben? Habe ich mein gesetztes Ziel in puncto Eigenständigkeit, so wenig Fremdhilfe und Ausrüstung wie möglich, saubere Technik oder Distanz in Kilometern pro Tag erreicht? Mich selbst zu kalibrieren ist eine Lernerfahrung – und vermutlich wird sie das auch bleiben. Zu sehr steckt der Vergleich mit anderen in mir drin.«

> **MAGDALENA** »Als Sportlerin habe ich immer den Vergleich gesucht. Aber ich verstehe natürlich, was Anja sagen will. Eigene Erfolgsmaßstäbe werden immer wichtiger, weil man inzwischen auch als Privatperson kaum noch umhinkommt, sich zu messen. Vor allem, was die Themen Work-Life-Balance, Schulerfolg der Kinder oder gesunden Lifestyle angeht. Da hilft nur, sich immer wieder zu besinnen. Auf die eigenen Werte, die eigene persönliche Entwicklung, den eigenen Fortschritt. Welche Ziele habe ich mir gesetzt und bin ich ihnen bereits nähergekommen? Denn wirklich Sinn macht nur der Vergleich mit seinem früheren Selbst. Ebenfalls wichtig: Die kleinen Erfolge des Alltags würdigen – sie finden zu wenig Beachtung – und darauf achten, dass zumindest der Freundeskreis eine vergleichsfreie Zone bleibt.«

CHRISTOPHER »Ich denke auch, dass wir aus dieser ständigen Vergleichsmühle herauskommen müssen. Nicht nur, weil es immer jemanden gibt, der besser ist als man selbst, und Rekorde, kaum aufgestellt, schon wieder gebrochen werden. Sondern auch, weil Vergleichen über kurz oder lang in eine Sackgasse führt. Denn was passiert, überspitzt gefragt, nach dem Olympiasieg? Spätestens dann musst du dir eigene Erfolgsmaßstäbe setzen, um nicht das Gefühl zu haben: Das war's jetzt. Sir Edmund Hillary, der zusammen mit seinem Sherpa Tensing Norgay als Erster auf dem Mount Everest stand, soll auf die Frage ›Was haben Sie sich gedacht, als Sie auf dem Gipfel standen?‹ gesagt haben: ›Ich habe von dort oben einen anderen Gipfel gesehen, den es sicherlich auch lohnt zu besteigen.‹ Das ist es doch, wo wir hinkommen wollen: ein unverwechselbares Leben führen, mit dem man selbst zufrieden ist – die Peaks, mal höher, mal weniger hoch, setzt man sich selbst. Zumal es für die allermeisten Dinge im Leben gar keine Referenzwerte oder Anerkennung in Form von Medaillen, Urkunden oder Boni gibt, aus denen man Rückschlüsse auf die eigene Performance ziehen könnte.
Bei Anja Blacha finde ich interessant, dass sie auf ihre Leistung blickt und nicht so sehr aufs Ergebnis. Dem kann ich mich nur anschließen. Lasst uns in Unternehmen die mittelfristige Entwicklung höher gewichten als das Quartalsergebnis. In der Schule mehr auf die Haltung und Lernbereitschaft achten als nur auf die Noten. Das ist der Sprung, den wir uns als Gesellschaft trauen sollten. Insofern sind wir vielleicht gar nicht zu viel Leistungsgesellschaft, sondern zu wenig. «

CHRISTIAN »Ich habe mich als Kind ständig verglichen und wollte der Beste sein. Das ging so weit, dass keiner mehr mit mir Mensch-ärgere-dich-nicht spielen wollte, weil ich das Spielfeld abgeräumt habe, sobald klar war, dass ich meine Figuren nicht schneller als die anderen nach Hause bringen kann. Heute bin ich gelassener und messe meinen Erfolg hauptsächlich an Zielen, die ich mir selber stecke. Das gilt im Übrigen auch für meine Mitarbeitenden. Standardisierte Bewertungsbögen machen keinen Sinn, es braucht inzwischen einen 360-Grad-Blick und individuelle Kennzahlen, die sich nach den jeweiligen Stärken, Rahmenbedingungen und Aufgaben eines Menschen richten. Zumindest meine Mitarbeitenden erleben das als äußerst motivierend. Sie treten in einem kompetitiven Umfeld vor allem gegen sich selbst an und rücken ihre persönliche Anstrengung in den Mittelpunkt. Bedeutet: Aus ›Du musst‹ wird ›Ich will‹. Ich habe aber den Punkt: ›Bild des Top-Performers in der öffentlichen Wahrnehmung‹ noch nicht ganz abgehakt. Ist es so einseitig? Jedem von uns fallen sofort erfolgreiche Menschen ein, die das Bild des unbezwingbaren und unnahbaren Gewinners durchaus nähren. Durch die Art, wie sie sich präsentieren, die Art, wie sie sind. Lasst uns Bernard Krone zuhören, bevor wir weitergehen.«

»Mein Vater war laut und aufbrausend, zum Schluss ein Patriarch. Ich hingegen habe das ruhige Gemüt meiner Mutter geerbt und finde auch, dass Lautsein nicht mehr in unsere Zeit passt. Außer man setzt es hin und wieder als Showelement ein, um eine gewisse *attention* zu generieren: Leute, aufpassen jetzt, wir stehen hier an einem wichtigen Punkt! Ansonsten lebe ich nach dem Grundsatz: Behandle Menschen so, wie auch du behandelt werden möchtest. Sei freundlich. Unprätentiös. Nahbar. Nicht nur weil das Miteinander besser funktioniert, sondern auch, weil du Menschen besser erreichen und begeistern kannst.

Nichtdestotrotz begegnen mir Leute auch mit Vorbehalt, weil sie denken: Er ist ein erfolgreicher Unternehmer, wohnt in einem tollen Haus, kann sich vieles leisten, der muss eingebildet und abgehoben sein. Es liegt an mir, sie zu überraschen und sie vom Gegenteil zu überzeugen. Ich engagiere mich ehrenamtlich, sitze in den Vorständen des Schützen- und Sportvereins, zapfe bei Feiern Bier oder stehe am Grill. Man kommt ins Gespräch, tauscht sich aus, setzt sich auseinander, kann Fragen stellen, wenn man etwas nicht verstanden hat und auf Gegenfragen reagieren. Man muss sich rausbewegen aus seiner Blase. Brücken bauen sich nicht von alleine auf, Vorurteile nicht von alleine ab.«

> **MAGDALENA** »Klar. Selbst aktiv werden und den Austausch suchen ist immer gut – ich denke auch, dass Menschen interessiert und offen dafür sind. Mit dem ARD-Moderator Michael Antwerpes habe ich kürzlich das Talk-Format ›Zwischentöne‹ ins Leben gerufen, um über genau die Themen zu sprechen, die oftmals zu kurz kommen: Einsamkeit, körperliche und mentale Tiefs, Differenzen im Team, Angst vor der Zukunft. Die Reaktionen der Besucher der Veranstaltungen und der Hörer des Podcast waren durchweg positiv, doch

die Reichweite ist nicht zu vergleichen mit einem Artikel in einer der großen Tageszeitungen oder Wochenmagazine. Natürlich gibt es auch Journalisten, die liebend gerne hinter die Kulisse blicken – wobei es da mehr um plakative Homestorys mit toller Schlagzeile geht als um eine differenzierte Dekonstruktion einseitiger Heldengeschichten. Ich denke schon, dass da mehr passieren könnte und müsste, um ein realistischeres Bild von Top-Performance, Erfolg und Leistung aufzuzeigen.«

Kommen wir nach diesem Schwenk zur zentralen Frage zurück: eigene Maßstäbe für den Erfolg zu definieren. Wie macht man das, was sind die Voraussetzungen dafür?

Durch die vielen Gespräche mit Peak Performern haben sich für uns vier Punkte herauskristallisiert. Dazu ein, mal zwei Geschichten, die uns besonders beeindruckt, inspiriert, zum Weiterdenken gebracht haben.

Eigene Erfolgsmaßstäbe, Schritt eins. Vertrauen. Es weist den Weg, der zu einem passt.

Noch einmal Bernard Krone: »Mein internes Kürzel ist BK4. Ich bin der vierte Bernard Krone in Folge. Mein Urgroßvater, Großvater und Vater hatten denselben Vornamen, auch wenn mein Urgroßvater mit einem h geschrieben wird. Eingebürgert haben sich BK3 und BK4, weil mein Vater kein Senior sein und aus mir keinen Junior machen wollte. Manch einer fragt mich, ob es nicht schwierig war, mich von so einer langen Familienhistorie zu emanzipieren und meine eigene Handschrift zu entwickeln. Ich kann nur sagen: Nein. Wir alle konnten darauf vertrauen, dem Unternehmen einen eigenen Twist geben zu dürfen. Mein Urgroßvater legte 1896 den Grundstein, pachtete ein Jahr später eine Schmiede in Ochtrup und gründete nochmal neun Jahre später den Schmiede- und Handwerksbetrieb Krone am heutigen Standort Spelle. 1930 gesellte sich BK2 dazu, er hatte keine große Lust, auf Kundschaft zu warten und am Amboss Hufeisen zu biegen, er fuhr lieber mit seinem Fahrrad zu den Bauern oder gesellte sich zu ihnen an den Stammtisch, um sich zu erkundigen, was sie brauchen, daraufhin brachte er eine kleine Fertigung landtechnischer Geräte ans Laufen. Mein Vater übernahm 1962 das Steuer und trieb als Ingenieur große technische Entwicklungen voran – und ob ich derjenige sein werde, der die Digitalisierung und die Erweiterung des Produktportfolios unserer Nutzfahrzeuge hinbekommt, wird sich zeigen. Doch ich bin voller Zuversicht. Jeder Bernhard beziehungsweise Bernard hat das Unternehmen durch seine Zeit geführt, nie bestand die Gefahr, auf alten Wegen wandeln zu müssen, es gab immer den Raum, sich gemäß eigenen Stärken und Interessen einzubringen und weiterzuentwickeln.«

MAGDALENA »Da klingt endlich auch in unserer Diskussion das Thema an. Urvertrauen – oder wie der Entwicklungspsychologe Eric Erikson gesagt hat: basic trust. Wie wichtig! Als Kind war dieses Gefühl permanent da, ich habe gespürt: Die Welt ist sicher und gut, mir kann nichts passieren, und mein Leben ist da, um von mir gelebt zu werden. Als junge Erwachsene habe ich manchmal den Zugang dazu verloren, ich musste

»Ein Peak Performer ist jemand, der mit Fleiß zu unserer **demokratischen Gesellschaft** beiträgt und sich selbst dabei nicht allzu wichtig nimmt.«

Matthias Steiner

mich aktiv daran erinnern, dass ich über diese Kraft verfüge. Auch heute taucht sie immer mal wieder ab. Vielleicht wie der Ton bei einer Stimmgabel, der verstummt, sobald man die Gabel nicht mehr anschlägt und die Schwingung immer stärker nachlässt. Inzwischen weiß man, dass zumindest die Bereitschaft zu tiefem Vertrauen in uns allen angelegt ist. Wir müssen uns dessen wieder mehr bewusst werden und es kultivieren, weil es nicht nur die Basis für ein befreites Leben ist, sondern auch der Kitt, der unsere Gesellschaft zusammenhält.«

Man könnte auch sagen: Ein Mensch hat Erfolg, wenn er morgens aufsteht, abends zu Bett geht und in der Zwischenzeit genau das tut, was er tun will, und das zur Ausprägung bringt, was in ihm beziehungsweise ihr steckt. Das erfordert einerseits Menschen, die sich selbst erkunden und entdecken, was sie wollen und was sie können. Und das erfordert andererseits eine Gesellschaft, die dieses Erkunden und Entdecken zulässt und fördert.

Zu dem passt gut, was Robert Greene in seinem Bestseller »Perfekt! Der überlegene Weg zum Erfolg« schreibt: Menschen besitzen »eine innere Kraft, die sie zu ihrer Lebensaufgabe hinführen möchte. Wenn sie diese klar erkennen, werden sie die richtige Laufbahn einschlagen, und alles andere wird sich regeln.«

Eigene Erfolgsmaßstäbe, Schritt zwei. Gesunder Egoismus und so wenig Ballast wie möglich.

Die Seilschaft zu seinem Bruder beginnt für Thomas Huber 1983. Mutter Maria fährt die beiden Brüder kurz vor Ferienende nach Going nahe Kitzbühel, damit sie das Kaisergebirge erkunden können. Thomas ist 16, Alexander 14. Eine Woche spulen sie die klassischen Routen ab, manchmal zwei an einem Tag. »Unsere Seilschaft funktionierte auf Anhieb perfekt«, sagt Thomas Huber, noch heute gilt sie als eine der stärksten in der Geschichte des Bergsteigens. Doch irgendwann zieht Alexander klettertechnisch an Thomas vorbei, »entwickelt einen extremen Durchstiegswillen, klettert hochriskante Sachen«, für Außenstehende scheint er keine Nervosität oder Angst zu kennen. »Medien reißen sich um ihn, die erste Sponsoren klopfen an, überall heißt es Alexander, Alexander, Alexander, das war für mich schon hart«, fasst Thomas Huber die Zeit rückblickend zusammen, »ich, der große Bruder, trotte dem kleinen Bruder hinterher«.

Er merkt: Blut ist dicker als Wasser, doch um weiterhin bedingungslos füreinander da zu sein, muss er sich erst einmal selbst finden. Wer bin ich, was zeichnet mich aus, wie viel Raum muss ich mir nehmen, um frei atmen zu können? »Sich bedingungslos füreinander einzusetzen hört sich gut an. Doch es kann sich daraus eine Dynamik entwickeln, die einen irgendwann gegen die Wand drückt. Man verbrennt, wird zu einem Schatten seiner selbst – und ist kein guter Partner mehr. Spätestens dann muss man den Mut aufbringen, nein zu sagen, Grenzen zu ziehen, sich selbst wieder mehr in den Mittelpunkt zu rücken. Das ist eine authentische, echte Geschichte, man kann es nicht allen und jedem immer recht machen.«

Dieser gesunde Egoismus ist für Thomas Huber Voraussetzung dafür, Lebenskraft entwickeln und den eigenen Lebensweg erkennen zu können. Sein Rat an Jugendliche lautet: »Schau auf dich. Geh mit Mut

»Seiner Inspiration und Leidenschaft folgen und genügend Durchhaltevermögen aufbringen, um sein erklärtes Ziel zu erreichen – das wäre für mich die Definition für Peak Performance. Oder kurz: **Tun, was man sagt**.«

Mario Tauscher

den Weg, für den du brennst. Lass dich nicht zu sehr beeinflussen. Auch nicht von deinen Eltern.« Huber nennt seine Erziehungsphilosophie »plakativ«: Eltern als Schuster und Sattler, die ihren Kindern einen guten Rucksack nähen, mit stabilen Riemen und ausreichend Platz im Inneren. »Ganz unten packen wir Liebe, Zutrauen, Bildung und Werte wie Gerechtigkeit, Gleichheit und Freiheit rein, damit sie die Chance haben, eine Welt zu kreieren, die auch noch für die nachfolgenden Generationen lebenswert ist.

Doch welche Richtung sie dann einschlagen und welche Dinge sie entlang des Weges zusätzlich in den Rucksack legen, bleibt ihnen überlassen. Ich beobachte, dass Eltern oftmals den Fehler machen, von Anfang an zu viel reinzupacken. Zu viel für den ganz eigenen Erfolgsweg der Kinder. Noch bevor die Reise losgeht, gehen die Kinder in die Knie, weil sie den Sack aus eigener Kraft nicht tragen können.«

MAGDALENA »Die Worte von Thomas haben mich aufhorchen lassen. Ich kann nicht sagen, ob ich nicht schon zu viel in die Rucksäcke meiner Kinder gelegt habe. Ich muss darüber nachdenken. Und vermutlich wird meine Antwort heute anders ausfallen als in zehn, zwanzig Jahren. Im Rückblick erhält man sicherlich ein differenzierteres Bild: War ich zu streng, zu nachgiebig, zu fordernd? Konnten sich meine Kinder in ihrem eigenen Tempo entwickeln, so wie ich es mir vorgenommen habe, oder wurde doch an ihnen gezogen?«

CHRISTOPHER »Das Spannende an dem Terminus ›gesunder Egoismus‹ ist für mich, dass man ihn auch anders verstehen kann: Ich sehe meine Leistung, aber ich verbuche sie nicht für mich alleine. Nehmen wir Anja Blacha, sie sagt ganz klar, dass sie viele Menschen braucht, die ihr mit Rat und Tat zur Seite stehen. So hat sie vor ihrer Südpol-Aktion viele Menschen angerufen, die sie gar nicht kannte. Sie alle haben sie mit wichtigen Informationen versorgt, mit manchen hat sich Anja Blacha sogar in Großbritannien, Norwegen, Spitzbergen und Grönland getroffen, um sich auszutauschen beziehungsweise gemeinsam zu trainieren. Das bedeutet: Wenn Anja Blacha durch die Antarktis läuft, laufen zehn Leute mit, die ihren Beitrag schon im Vorfeld geleistet haben. Es gilt also auch hier, nicht nur das Ergebnis zu sehen, sondern die Leistung – mit all den Faktoren, aus denen sie sich zusammensetzt.«

Eigene Erfolgsmaßstäbe, Schritt drei. Eingetretene Pfade verlassen. Ausbrechen aus Routinen.

Alexander Penzkofer: »Nach der sechsten Klasse wechselte ich vom Gymnasium auf die Realschule. Dort besuchte uns eines Tages ein Berufsberater vom Arbeitsamt. Eigentlich wollte ich etwas mit Elektronik machen, ich hatte ein Faible für Computer. Doch angesichts meiner Rot-Grün-Sehschwäche winkte der Berater nur ab. Also entschied ich mich nach einem Praktikum bei einem Bauunternehmen für das Maurerhandwerk. Das Lachen meiner Mitschüler habe ich heute noch im Ohr. Für sie war das kein Beruf, den man freiwillig ergreift. Körperlich, schmutzig, bei Wind und Wetter draußen, schlecht bezahlt. Doch ich war mir meiner Sache sicher.

Das Praktikum war hart, aber es hat mir gefallen. Von sechs Uhr morgens bis zehn Uhr abends schuften und danach ausgepowert ins Bett fallen – irgendwie war das mein Ding und ich bin nach der Realschule diesen Weg gegangen. Danach gab es noch zwei Situationen, in denen ich an meinen Plänen festgehalten habe, obwohl alle nur sagten, das ist nichts für dich, das schaffst du nicht, so geht das nicht, lass das sein. Die eine war meine Zimmerer-Meisterprüfung, die ich ohne Zimmerer-Lehre absolviert habe, um Dachstühle selbst fertigen zu können. Die andere meine Entscheidung für das schlüsselfertige Bauen, 2003 ein ziemliches Novum in Deutschland, wir gehörten zu den Pionieren.«

Anja Blacha: »Bevor ich Ende 2016 für einen beruflichen Wechsel von London nach Zürich zog, lernte ich in Indonesien bei der Besteigung der Carstensz Pyramide einen Bergsteiger kennen, der mir detailliert von seiner Everestbesteigung erzählte. Dadurch wurde für mich der Everest nahbarer und der Berg setzte sich als Ziel in meinem Kopf fest. So sehr, dass ich im Februar 2017, noch während meiner Probezeit, zu meinem Chef ging und ihn fragte, ob ich April und Mai frei bekommen könnte, um den Everest zu besteigen. Er hat mich nur angeschaut und gefragt, ob ich mir das nicht früher hätte überlegen können. Vermutlich halten nicht wenige so eine Aktion für verrückt, während der Probezeit um zwei Monate Urlaub zu bitten, doch es ging gut aus. Als Ausgleich habe ich im Sommer den Chef meines Chefs vertreten und dadurch mehr Sichtbarkeit und Verantwortung bekommen.«

CHRISTIAN »Das kann ich nur unterschreiben. Man muss ausscheren aus diesem Erfolgsschema ›Wir haben das schon immer so gemacht‹. Sicher, es gibt Vorgehensweisen, die haben sich bewährt. Punkt. Doch ein Großteil unserer Aufgaben meistern wir, weil wir uns trauen, unbequeme Antworten zu geben, Entscheidungen in unsicherer Umgebung zu treffen und andere Wege einzuschlagen als die bekannten. Ich bin so aufgewachsen: Rede nicht lange, mache einfach, probiere dich aus. Trial and error – oder wie man heute sagt: Failing fast and failing forward. Mal denke ich, dass diese Denke durch unsere zunehmend agile Arbeitsweise inzwischen gang und gäbe ist. Mal blicke ich in unseren Kids Camps auf den Nachwuchs und komme zu einem anderen Schluss: Viele Kinder sind sehr zurückhaltend, risikoscheu, trauen sich neue Dinge nicht zu. Zum Beispiel bei dir am Schießstand, Magdalena. Die erste Reaktion ist: ›Kann ich nicht, habe ich noch nie gemacht, ich treffe sowieso nicht.‹ Man muss ihnen gut zureden, dass sie das Gewehr anlegen und schießen. Wenn sie es einmal ausprobiert haben, sind sie in der Regel begeistert.«

MAGDALENA »Das stimmt. Es gibt die Kinder, die große Angst davor haben, etwas nicht zu können oder nicht gut genug zu sein. Aber es gibt auch die Kinder, die offen, neugierig, selbstbewusst sind. Ich würde sagen, das hält sich immer noch die Waage – auch wenn die heutige Generation unterm Strich nachdenklicher, reflektierter ist. An mir selbst stelle ich immer wieder fest, wie sehr es mich anspornt, mein eigenes Ding zu machen. Mich nicht abbringen zu lassen, wenn jemand sagt, das schaffst du nicht. Wie viele Lehrer haben zu mir gesagt, dass Leistungssportler kein Beruf ist, und mich am Montag nach einem Wettkampfwochenende extra ausgefragt? Und als Profisportlerin habe ich mich auch nicht sklavisch an Trainingspläne gehalten, wenn ich gespürt habe, dass vorgesehene Einheiten mich mehr schwächen als stärken.«

CHRISTOPHER »Mir ist es – pardon – auch scheißegal, ob Menschen, die nicht zu meinem näheren Umfeld gehören, meine Ziele für zu ambitioniert oder zu bedeutungslos halten. Das Ziel muss für mich erstrebenswert sein. Vielleicht ein Beispiel: 2018 habe ich mich entschlossen, mein erstes Fachbuch zu schreiben. Mein Sohn war damals vier, meine Tochter gerademal eins, natürlich gab es gute Gründe, es in dieser sensiblen Lebensphase nicht zu machen. Beruf, junge Familie, wie alles miteinander vereinen? Doch ich muss zugeben, dass es mich besonders reizt, Dinge möglich zu machen, die erst unmöglich erscheinen. Es war ein intensives Jahr, ich habe vor allem geschrieben, als die Kinder noch oder schon schliefen. Als das Buch fertig war, hatte ich das Gefühl, dass ich mein Ziel, alles unter einen Hut zu bringen, nicht erreicht habe. Denn natürlich gab es Verluste, Momente, in denen ich mit meinem Sohn nicht zum Fußballspielen gehen konnte, weil ich entweder am Schreibtisch saß oder zu müde war. Ein Jahr später waren Freunde bei uns zu Hause, nach dem Abendessen verschwand mein Sohn und kam nach ein paar Minuten mit meinem Buch zurück, legte es auf den Tisch und sagte: ›Schaut, hat mein Papa geschrieben.‹ Für mich war dieser Moment unfassbar wertvoll. Ich konnte nicht immer für ihn da sein, doch er hat verstanden, dass das Buch mir etwas bedeutet, und somit war es auch für ihn bedeutsam. Die Herausforderung anzunehmen und all die Bedenken beiseite zu schieben hat sich gelohnt.«

Eigene Erfolgsmaßstäbe, Schritt vier. Die Position der anderen kennen und die eigene Position stets auf den Prüfstand stellen.

Dominik Klein bezeichnet sich als »krassen Bauchmenschen«. Wenn er spontan auf die Frage antworten soll, was er Menschen gerne mitgeben würde, sagt er: »Bleib dir treu. Höre auf dein Inneres.« Wobei sich das nicht nach Ego-Nummer anhören soll. Gewinnen kann man nur im Team. Das gilt nicht nur für Mannschaftssportler. Zuweilen hat man das Glück, dass man sich mit seinen Kollegen bestens versteht, wie bei seinem damaligen Verein THW Kiel. »Manager Uwe Schwenker und Trainer Zvonimir ›Noka‹ Serdarušić haben es perfekt verstanden, nur Spieler ins Team zu holen, die zueinander passen. Im Training und auf dem Spielfeld hält man zusammen, man weiß, worum es geht, holt alles aus sich raus, um gemeinsam zu gewinnen.«

Das setzt für Klein voraus, nicht nur die eigene Rolle, die eigene Position zu kennen. »Ich habe zugehört, wenn die Trainer mit den anderen Spielern gesprochen haben. Wollte wissen, wie ihre Spielzüge funktionieren, was sind die jeweiligen Herausforderungen, die Besonderheiten von Rückraum Links, Rückraum Mitte oder Kreis Mitte?«

Heute ist Klein selbst Trainer und animiert seine Schüler, Fragen zu stellen und Antworten zu finden: »Wenn wir mündige Spieler haben wollen, die ein kreatives Spiel entwickeln, müssen wir sie einbeziehen

»Ein Peak Performer ist ein Mensch, der mit viel **Herzblut** und Vollgas bei der Sache ist.«

Armin Wagner

»Peak
Performance
bedeutet für mich,
nicht vor sich
hinzuwurschteln,
sondern da zu
sein, wenn's um die
Wurscht geht.«

Tobias Wendl

und in den Austausch bringen. Ich denke, die Frage ›Warum stehe ich auf dieser Position, und will ich überhaupt hier stehen?‹ ist vielleicht eine *der* zentralen Fragen im Leben eines Menschen.«

CHRISTOPHER »Für mich ist das ein wichtiger Impuls und absolut übertragbar. Gerade während Corona haben viele Menschen mit etwas mehr Distanz auf ihre Arbeit und ihr Leben geblickt und sich Sinnfragen gestellt: Was mache ich eigentlich? Stehe ich auf der richtigen Position? Habe ich sie aus freien Stücken bezogen, oder hat man mich platziert? Kann ich das Spiel von dort aus so spielen, wie ich es spielen will, und meine Mannschaft unterstützen? Gibt es eine Position, die ich lieber einnehmen würde? Befinde ich mich auf dem richtigen Spielfeld, im richtigen Raum, ja, in der richtigen Halle? Es ist wichtig, regelmäßig in die Außensicht zu gehen und möglichst neutral zu schildern, was man sieht, um sich ein kompletteres Bild zu machen.«

CHRISTIAN »Auch beim Positions- und Rollenverständnis gehe ich zu hundert Prozent mit. Gerade crossfunktionale Teams können nur funktionieren, wenn Ingenieure, Juristen, Designer, Software-Entwickler, Texter und Hosting-Experten Verständnis füreinander haben, Kritikfähigkeit entwickeln und Silodenken aufbrechen. Aber letztlich ist die Sinnhaftigkeit, die du eben angesprochen hast, der Nukleus für alles. In den Anfangsjahren meines Unternehmertums habe ich Aufträge angenommen, die lediglich Geld gebracht haben, das war wichtig, um sich zu stabilisieren und zu wachsen.

Heute lehnen wir etliche Aufträge ab, die nicht zu uns passen beziehungsweise für uns vom Lerneffekt her Stillstand bedeuten. Das ist nicht immer ganz einfach, vor allem wenn es sich um sehr lukrative Anfragen handelt. Doch wir müssen und wollen unsere Ressourcen für Themen einsetzen, die uns auf ein höheres Level an Expertise heben und technologisch in die Zukunft weisen. Nur so können wir einen Beitrag in puncto Transformation leisten, was für uns absolut sinnstiftend ist.«

Was uns zum Abschluss unserer Reise führt. In sieben Kapiteln sind wir den Grundbausteinen für Spitzenleistung nachgegangen. Nicht immer sind wir uns in allen Punkten einig. Es gibt größere und kleinere Differenzen, manchmal sind es Nuancen. Es gibt keine Eindeutigkeit. Keine Wahrheit. Und doch trauen wir uns zu, gemeinsam ein Fazit zu formulieren. Was zeichnet ein erfolgreiches Leben aus, und wie würden wir gerne für unsere heutigen Zeit Leistung definieren?

Wir sind uns einig: Jeder Mensch kann seine persönliche Spitzenleistung finden. Nicht nur gemessen in Höher, Schneller und Weiter. Sondern ganz auf das Individuum bezogen: auf den persönlichen Alltag, die eigene Lebenslinie.

Gegen Ende kam uns der Satz in den Sinn: »Peak Performer sind Sinnjongleure des Lebens.« Er ist für uns immer noch stimmig. Mal mehr, mal weniger Bälle, Keulen oder gar brennende Fackeln hochzuwerfen und wieder aufzufangen braucht Antrieb, Fokus und Leistungsbereitschaft, Training, Frustrationstoleranz, Optimismus und Gelassenheit. Man muss nicht nur seine Skills maximal mobilisieren, sondern auch für die verschiedenen Dinge eine perfekte Beziehung zwischen Raum und Zeit finden – sonst gibt es Kollisionen. Doch wer sich der Aufgabe stellt, gewinnt ein Leben zwischen zwei spannenden Polen.

Herausfordernd und leicht zugleich. Für uns die perfekte Balance, die es immer wieder zu finden gilt.

Peak Performance bedeutet, sich permanent mit dem eigenen Leben auseinanderzusetzen und es zu meistern – mit all seinen Chancen und Risiken, Höhen und Tiefen. Immer weiter machen. Für sich selbst, aber auch mit Blick auf andere. Spitzenleistung richtet sich nach dem eigenen Potenzial und wartet nicht auf die Anerkennung anderer, man zollt sie vorrangig sich selbst. Leistung geht nie ohne Leistungswille. Und dieser Wille ist genau das Gegenteil von Gleichgültigkeit. Fleiß ist wichtig, aber längst nicht alles.

Wenn aus falschem Ehrgeiz die Lust zur Selbstentfaltung wird, dann ist Leistung mehr als ein Kraftakt.

Das Leistungsverständnis einer Gesellschaft prägt auch die Leistungsträger von morgen. Es entscheidet darüber, in welcher Welt künftige Generationen leben werden, wie viel sie sich werden leisten können. Spornen wir die Menschen um uns herum an, ihr ganz eigenes Lebenswerk zu schaffen. Am liebsten mit Freude. Freude am Leisten.

CHRISTOPHER »Klappe zu?«

CHRISTIAN »Klappe zu!«

MAGDALENA »Eine Sache haben wir noch …«

Liebe Leserinnen und Leser, danke bis hierher. Wir hoffen, unser Dialogbuch mit so vielen Peak Performern und uns dreien hat Ihnen Erhellendes und Wegweisendes, Praktisches und Nützliches aufzeigen können. Wir hören immer wieder rund um die Peak Performer Stiftung, es bräuchte eine konzentrierte Formel für Jung und Alt, wie eine Nussschale, in der alles in wenigen Sätzen zusammengefasst werden kann. Wir haben deshalb eine Formel entwickelt (siehe Seite 208), die Peak Performer-Formel. Verfasst mit einem kleinen Beipackzettel.

Dieses Werk ist ein Gemeinschaftsprojekt, wie es im Buche steht: Drei Autoren, 14 interviewte Personen, weitere 24, die mit einem Statement im Buch vertreten sind und viele Menschen im Hintergrund, die dazu beigetragen haben, dieses Inspirationsbuch für ein neues Leistungsideal zum Leben zu erwecken. Ihr Einfluss ist auf jeder einzelnen Seite, die Sie gelesen haben, spürbar.

Im Speziellen wollen wir uns bei folgenden Menschen bedanken, ohne die dieses Buch nicht zu einem Unikat geworden wäre: Danke an alle Peak Performer, von denen wir immer wieder aufs Neue lernen dürfen. Ihr seid uns eine enorme Inspirationsquelle. Nicht nur für dieses Buch, sondern auch für das echte Leben.

Und danke an alle Unterstützer, die in der Entstehung auf verschiedene Weise einen Unterschied gemacht haben. Beginnend mit der Finanzierung des Buches, über rechtliche Fragestellungen, die Organisation der vielen Geschichten und Gedanken bis hin zum kritischen Gegenlesen des finalen Skriptes. Insbesondere danken wir Nicole Fischer, Helena Müller, Fabian Gärtner, Julian Schwab, Konstantin Wegner, Steffen Eirich, Lukas Hankhofer und allen, die sich für dieses Buch verdient gemacht haben, ohne namentlich erwähnt zu sein.

Uns liegt viel daran, auch unseren Familien Danke zu sagen für den Rückhalt und unseren Eltern für die Grundwerte, die Ihr uns mit ins Leben gegeben habt. Denn am Ende gilt: Leistung ist immer ein Gemeinschaftswerk. Auch wenn es auf den ersten Blick nicht so aussieht. So auch bei diesem Buch.

Magdalena Neuner Christopher Spall Christian Grams

SPITZENLEISTUNG = Innerer Antrieb x Fähigkeit

Innerer Antrieb

Eine Kraft, die dich leicht laufen lässt. Sie gibt dir die Antwort auf die Frage, warum du dich auf deinem Weg befindest. Lässt dich morgens kraftvoll aufstehen und abends erfüllt ins Bett fallen. Gibt dir Sinn in deinem Leben. Dein Antrieb ist aber auch eine Art Frühwarnsystem, wenn du von deinem Weg abzukommen drohst. Anders ausgedrückt: Dein innerer Antrieb ist dein individueller Wille, mehr zu leisten. Antrieb ist nicht statisch, er verändert sich im Laufe des Lebens, passt sich an.

Fähigkeit

Ein Vermögen, das sich oftmals aber nicht zwingend aus deinen individuellen Talenten ergibt. Training und Mindset sind unterm Strich wichtiger als Talent pur. Ein Mindestmaß an Talent ist zwar häufig die Eintrittskarte, um mitzuspielen. Um weit(er) zu kommen, braucht es jedoch Wiederholung. Und eine Haltung, die diese Repetition nicht infrage stellt.

x Widerstandskraft

Widerstandskraft

Eine Eigenschaft, die dich nicht nur vor zweifelhaften Angeboten und schlechten Einflüssen schützt, sondern dir auch hilft, dich durchzubeißen und dranzubleiben. Besonders bei Rückschlägen kommt Widerstandkraft zum Tragen. Weil sie einen anspornt, sich zurückzuarbeiten, aus Fehlern zu lernen, nicht aufzugeben und dadurch stärker zu werden. Richtige Peak Performance wird oftmals erst in Krisen geboren. Aber Achtung: Niemand kann stetig gegen Widerstände ankämpfen. Widerstandskraft kann man entwickeln und auch mal ausreizen, aber sie ist endlich. Anspannung und Entspannung sind der Schlüssel, um diese besondere Kraft zu schützen und zu stärken.

Wie viele Faktoren rechts der Gleichung dürfen Null sein, damit links der Gleichung eine Peak Performance rauskommt? Kein einziger! Es reicht nicht, sich nur auf seinen Antrieb oder seine Fähigkeit oder seine Widerstandskraft zu verlassen. Nur wer alle drei Elemente im Blick hat und weiterentwickelt, erreicht eine Leistung, die gemäß seinem Potenzial spitze ist.

Peak Performer auf einen Blick

Tobias Arlt, geb. 1987, ist Kommissar bei der Bundespolizei und Profi-Rennrodler. Zusammen mit seinem Partner Tobias Wendl holte er sich 2014, 2018 und 2022 den Olympiasieg sowohl für Doppelsitzer als auch Team-Staffel. Zudem gewann er fünfmal den Gesamtweltcup. Arlt ist verheiratet und hat zwei Kinder.

Lars Bender, geb. 1989, ist ehemaliger Profi-Fußballspieler. Bis 2021 spielte er als defensiver Mittelspieler für den Fußballverein Bayer 04 Leverkusen und absolvierte 342 Pflichtspiele für die erste Mannschaft. Für die deutsche Nationalmannschaft absolvierte er von 2011 bis 2014 insgesamt 19 Partien. Seit Juni 2022 betreut er als Assistenztrainer die deutsche U15-Nationalmannschaft.

Sven Bender, geb. 1989, ist ehemaliger Profi-Fußballspieler. Nach acht Jahren bei Borussia Dortmund wechselte er 2017 zu Bayer 04 Leverkusen. Für die deutsche Nationalmannschaft absolvierte er von 2011 bis 2013 insgesamt sieben Partien. Zu seinen größten Erfolgen zählen: Meistertitel 2011 und 2012 sowie DFB-Pokalsiege 2012 und 2017. Im Juni 2022 wurde Bender wie sein Zwillingsbruder vom Deutschen Fußball-Bund zum Co-Trainer der deutschen U16-Nationalmannschaft ernannt.

Anja Blacha, geb. 1990, ist Extremsportlerin. 2020 stellte sie einen Weltrekord auf, indem sie als erste Frau weltweit allein und ohne Fremdhilfe von der Küste der Antarktis bis zum Südpol lief. Zudem bestieg sie fünf 8000er ohne Flaschensauerstoff, darunter den K2 als erste deutsche Frau (2019), und stand bereits zweimal auf dem Mount Everest (2017, 2021).

Benedikt Böhm, geb. 1977, ist Extremskibergsteiger und -skifahrer sowie Geschäftsführer der Outdoormarke Dynafit. Zu seinen Rekorden gehören unter anderem die Speed-Besteigung des Dhaulagiri VII in knapp acht Stunden und der Speed-Transalp mit 210 Kilometern und 11.000 Höhenmeter in knapp 29 Stunden. Böhm ist verheiratet und hat drei Kinder.

Bernhard Fragner, geb. 1972, ist Gründer und Geschäftsführer der österreichischen Privatjetgesellschaft GlobeAir mit mehr als 200 festen Mitarbeitern. Die Flotte unterhält 25 Jets und bedient fast 1000 Destinationen in Europa. Fragner ist verheiratet und hat ein Kind.

Thomas Huber, geb. 1966, ist Profibergsteiger sowie Extremkletterer und bildet zusammen mit seinem jüngeren Bruder Alexander eine der stärksten Seilschaften unserer Zeit. Zu seinen Erfolgen gehören mehrere Erstbegehungen im Karakorum-Gebirge, in Patagonien und in der Antarktis. Der Dokumentarfilm *Am Limit* zeigt den Speed-Rekordversuch der Brüder an der 1000 Meter hohen Nose im Yosemite-Nationalpark, der ihnen 2007 gelang.

Michaela Kirchgasser, geb. 1985, ist Fußballreporterin und ehemalige österreichische Skirennläuferin. Während ihrer Profikarriere gewann sie siebenmal eine WM-Medaille für Team, Slalom und alpine Kombination. Kirchgasser ist verheiratet und hat einen Sohn.

Dominik Klein, geb. 1983, ist ehemaliger Handball-Profispieler und wurde während seiner Karriere achtmal Deutscher Meister, sechsmal DHB Pokalsieger und dreimal Champions-League-Sieger. Heute arbeitet Klein als Geschäftsführer des Bayerischen Handball-Verband sowie als TV-Experte.

Bernard Krone, geb. 1978, ist Geschäftsführer der Krone-Gruppe mit einem Jahresumsatz von 2,5 Milliarden Euro (2022). Das Familienunternehmen für Landtechnik und Nutzfahrzeuge wurde 1896 von seinen Urgroßeltern Anna und Bernhard Krone gegründet und befindet sich auch heute noch zu 100 Prozent in Familienbesitz.

Alexander Penzkofer, geb. 1973, ist Inhaber und Geschäftsführer von Penzkofer Bau. 1997 als Dreimannbetrieb gestartet, gehört das Bauunternehmen für Ziegel- und Massivholzhäuser mit seinen 420 Mitarbeitenden inzwischen zu den wachstumsstärksten Unternehmen in Bayern.

Gerd Schönfelder, geb. 1970, ist erfolgreichster Athlet in der Geschichte der Winter-Paralympics. Bis zu seinem Rücktritt 2011 gewann der Ski-Rennfahrer sechzehnmal Gold, viermal Silber und zweimal Bronze. Zudem wurde er vierzehnmal Weltmeister und achtmal Weltcup-Gesamtsieger. Heute arbeitet Schönfelder als Trainer im Paralympic Skiteam und als Vortragsredner, er ist verheiratet und hat zwei Kinder.

Matthias Steiner, geb. 1982, ist ehemaliger Profi-Gewichtheber. 2008 wurde er im Superschwergewicht über 105 Kilogramm sowohl Olympiasieger als auch Europameister, seine Bestleistung im Reißen liegt bei 203 und im Stoßen bei 258 Kilogramm. 2020 gründete Steiner das Unternehmen STEINERfood, das Low-Carb-Produkte entwickelt und vertreibt. Steiner ist verheiratet und hat zwei Kinder.

Tobias Wendl, geb. 1987, ist Sportsoldat der Bundeswehr und Profi-Rennrodler. Zusammen mit seinem Partner Tobias Arlt holte er sich 2014, 2018 und 2022 den Olympiasieg sowohl für Doppelsitzer als auch in der Team-Staffel. Zudem gewann er fünfmal den Gesamtweltcup. Wendl ist verheiratet und hat ein Kind.

Mit diesem Buch unterstützen Sie die Arbeit der
Peak Performer Stiftung.

Fünf Euro pro Buch fließen in die Durchführung von Kids Camps, in denen Kinder und Jugendliche spielerisch die Grundwerte trainieren, um aus eigener Kraft etwas im Leben zu erreichen. Die gemeinnützige Organisation finanziert ihre Camps ausschließlich aus Spenden. Die Teilnahme ist für die Kinder und deren Eltern kostenlos.
Herzlichen Dank, dass Sie mit dem Kauf dieses Buches einen Beitrag leisten
für mehr Freude am Leisten.

PEAK PERFORMER STIFTUNG
KIDS CAMP

Die Peak Performer Stiftung ist die erste Stiftung für mehr Freude am Leisten. Die gemeinnützige Organisation wurde von 38 Spitzenleistern aus Sport und Wirtschaft gegründet. Gemeinsam geben sie auch außerhalb dieses Werks die Grundwerte zum Erreichen von Spitzenleistungen auf Kids Camps der Stiftung weiter. Die Stiftung ist dabei völlig unabhängig. Sie ist keiner Partei, keiner Religion oder sonstigen Ideologie anhängig. Sie gehört den 38 Spitzenleistern. Diese sind Gesellschafter und Gründungsmitglieder. Die Stiftung ist einzig dafür da, die Grundwerte weiterzugeben, um aus eigener Kraft etwas im Leben zu erreichen.
Für mehr Freude am Leisten.

Mehr zu Haltung und Projekten der Stiftung:
www.peak-performer-stiftung.de

PEAK
PERFORMER
STIFTUNG

Die Stiftung für mehr Freude am Leisten.

Bibliografische Information der Deutschen Nationalbibliothek
Die Deutsche Nationalbibliothek verzeichnet diese Publikation in der Deutschen Nationalbibliografie; detaillierte bibliografische Daten sind im Internet über http://dnb.de abrufbar.

Redaktionelle Mitarbeit: Heike Littger
Druck und Bindung: CPI books GmbH, Ulm
Printed in Germany

ISBN 978-3-86774-769-1

Besuchen Sie unseren Webshop: www.murmann-verlag.de
Ihre Meinung zu diesem Buch interessiert uns!
Zuschriften bitte an info@murmann-publishers.de
Den Newsletter des Murmann Verlages können Sie anfordern unter newsletter@murmann-publishers.de